减法育儿

LESS IS MORE

大南南

著

湖南教育出版社
·长沙·

目录

01

养育之重

02

成长之重

03

给育儿做减法

04

给成长做加法

05

成就孩子，也成就自己

自序

孩子出生的前三年，我几乎每天都在自责中度过：

母乳严重不足只能给孩子吃奶粉，我不是好妈妈；

不会做睡眠训练只能每天抱着睡，我太不专业了；

又要上班又要带双胞胎，没办法亲密陪伴，我让孩子缺乏安全感了；

经济有限，既买不了学区房又没办法实现报班自由，耽误了孩子的大好前程；

能力有限，不会给孩子做教育规划，枉为人母；

……

我陷入严重的精神内耗，上班疲于奔命，下班疲于带娃，在无数个凌晨抱着夜醒哭闹的娃，几近崩溃。

好不容易熬到孩子三岁，好像这辈子的力气都已用完：生孩子用了半条命，把孩子养到三岁又用了半条命，我感觉自己已经油尽灯枯。

我环顾四周：

书架上都是各种各样的育儿书籍，玩具箱里都是形形色色的益智玩具，相册里是两个孩子满世界旅行的照片。

这些年，育儿变得越来越复杂，"Buff"（游戏用语，指增益效果）越加越多，养育责任之重把我压得喘不过气，但这些真的有必要吗？如果我给育儿做做减法，又会怎样呢？

佛教讲"起心动念"，有了这个想法后，我开始践行"减法育儿"，在生活中有意无意地给育儿做减法：

带孩子去国外研学？家门口的超市就是研学的宝藏地；

报兴趣培训班？可是孩子的兴趣也许只是抓昆虫；

花大钱给孩子做财商教育？其实一袋大米胜过十节课；

24小时陪伴才有安全感？路边的小黄车可不这么认为；

……

网络时代信息技术越来越发达，但孩子们跟真实世界的联系却越来越少。育儿变成了研究课题，变成了社会热点，变成了矛盾焦点，但我们都忘了：成长的每一天，是属于孩子自己的。他需要回到真实世界，看看脚下的蚂蚁、感受拂面的清风，知道生活的无奈后也能开心迎接每一天的阳光。

当我们给育儿做减法时，孩子自己自然会去做加法。

这本书记录的，就是我和我的一对龙凤胎孩子在生活中跌跌撞撞做减法的过程。这本书不是故事更不是爽文，孩子没有走上人生巅峰，我也没有。但在一次次"出现问题——解决问题"的循环中，我和孩子们经历了成长的阵痛，也收获了成长的惊喜，更重要的是，我们仨似乎都找到了"给自己做加法"的方式。

01

养育之重

孩子三岁前,繁琐且重复的养育工作让我非常有挫败感,
即便是帮助孩子吃饭睡觉这样的事情也总是做不好。
但也正是这些磨人的小事,让我有了一段特别的经历,
并且做出了一个重大的决定……

那个女孩，留在了产房；

出来的，是一个妈妈。

那个女孩，留在了产房

进产房的，是"我"
出产房的，不是"我"

那是一个晴朗的夏日清晨，阳光格外明媚。医生过来查房，看了看我快要撑破的肚皮，冷静地说：就今天吧！

原本想拒绝，毕竟肚子里的娃有一个还不到三斤，但一想到前两天突然昏迷，孩子胎心也剧烈波动，我又觉得还是得听医生的。尤其一想到生完以后就能摆脱这沉重的身躯重获自由，竟然在惊慌之余生出一些小期待。

行！

第一次生孩子，没有经验，医生推我进产房的时候，我完全不知道接下来要发生什么，还在心里默默念叨着孩子们的小名，想象着他俩的模样，期待着手术之后一家四口其乐融融的场景。

然而当第一刀划过肚皮后，刚才所有美好的场景就像泡泡一样瞬间破碎了。突然之间，我像泄了气的皮球，整个人软绵绵地塌在了产床上，意识也越来越模糊。昏迷之前，我隐约听到医生发了疯一样大声喊：快！找血库！产妇大出血！

没想到我人生中第一次濒临死亡，竟然是在迎接新生的产房中。生死果然就在一瞬间。

很多人说濒死之时，生平就会像电影一样在脑海中放映，然后告别人间。但我不一样，我闭上眼的那一刻，只看到一片白茫茫大地真干净。

等我睁开眼睛，已是在ICU了。手臂上插着好几根输血、输液的管子。旁边有个小小的婴儿，应该就是我的孩子，但另一个呢？

又过了不知道多久，医生慌乱的声音把我吵醒："产妇高烧不退，怀疑宫内感染，赶紧进手术室。"一听到"手术室"这三个字，我身体开始不受控制地疯狂冒汗。

刚从产房里捡回一条命，现在又要过一回鬼门关？这

减法育儿

一次，我还能出来吗？我躺在手术床上，眼睛盯着天花板上的方格，心想如果去手术室这一路的天花板方格是奇数，我就一定能闯过来。最后我数到了305格。

是奇数。

12米的纱布堵在子宫里不同的出血点上，帮助我止血的同时，也引发了宫内感染，必须取出来才行。而这次，为了防止我再次大出血，连麻药都不能上。

12米的纱布，11个结，每拽出一个结，我都疼得扭曲。医生说一定要放松，越疼越要放松。我只能在心里大喊"这是什么反人性的要求啊，越疼越放松……"

一次生了两个孩子，接连动了两次手术，这么小概率的事件，都让我遇到了，不知道是不是我的"幸运"。

在 ICU 待了三天后，我终于回到普通病房。医生给我做检查时，我有气无力地问他："是不是老大生出来以后，我就昏迷了？你们还抱着老大跟我贴了脸，然后给我输血。接着老二就出生了，你们来不及抱她跟我贴脸，就把老二送到保温箱了？"

医生一脸震惊："你当时不是昏迷了，你怎么知道的？"

因为昏迷后，我似乎飘到了天花板上，看到了这一切。

也许生命在极限压力之下，会遇到科学也无法解释的现象。

濒死的时候，有一个强大的信念也许就能从"黑白无常"手上逃脱，我就是如此。正在天花板上"认真观察"手术室发生的一切时我突然意识到：我还没有亲亲我的孩子们，不行，我不能走！

失血4升，这是一个让人惊心动魄的数字，即便在顶级妇产医院，也足够让医生头疼了。但也许就是这个亲亲孩子的执念，让我的灵魂归位，有了强大的活下去的意志力。

可是，我的一部分也许一直留在了那个手术台上。

生完孩子之后我性情大变，总是无缘无故地哭，对一切都不耐烦，连我亲妈都怀疑：抱错的不是我外孙，是我女儿吧？

我知道：

那个女孩，留在了产房；

出来的，是一个妈妈。

沉甸甸的我，还不适应这个突然热闹的家。

母乳喂养，好无力

孩子闹肚子，母乳不行
孩子睡不好，母乳不够

因为是双胞胎的缘故，也因为生产大出血的缘故，我的奶水远远不够两个孩子吃。彼时网上铺天盖地的"母乳喂养"理念，给我造成了巨大的困扰。

老大胃口极好，根本喂不饱。

老二吞咽功能极差，喝一口吐一口。

月嫂劝我好好休养，但我很不服气：作为妈妈，不能用母乳喂养自己的孩子，我还配做妈妈吗？于是发了疯地

此前的人生，我从来没有认过
输。可生孩子，大约就是我接受
"人生无常"的开始，有太多无
法预料、无法控制的事情，也有
太多付出巨大的努力最后一场空
的失落。

追奶，各种汤汤水水、各种追奶茶全部用上，利用一切机会亲喂，即便是大半夜。

可即便这么辛苦地追奶，效果却不尽如人意，哥哥总是闹肚子，本来一放下就睡的妹妹，也开始在夜里焦躁不安。

虽然大家都避着我，但我还是能听见他们悄悄地讨论：

"是不是妈妈今天没吃好，母乳不行？"

母乳不够，像一个魔咒一样罩住了我。

我濒临崩溃，总是不受控制地在半夜哭泣。

现在回头去看，真是何必。但当时就跟被洗了脑一样跟母乳过不去。

我一向相信努力就有回报，但母乳这件事，让我第一次有了极大的无力感：有些事情，就是勉强不来，努力也没有用，接受吧！

母乳不够这件事让我对两个孩子充满内疚。有了孩子之后也曾一度排斥出差，但后来发现母乳不足我就变了，主动要求去欧洲出差，就为了能扛两三箱奶粉回国。

等到孩子大一些开始添加辅食后，我又开始了"过度努力"。即便前半生几乎"十指不沾阳春水"，也要勉强自己下厨：按照网上的食谱，烤制磨牙棒、煮五彩面条、做各种糊糊……但一个都不好吃！

面对这些一点也不美味的食物，两个娃完全不同：哥哥看到什么就吃什么，每次体检都超重；妹妹看到食物就反抗，每次体检都是消瘦。

战斗力满满的我，怎么可能接受孩子"消瘦"？不行，我要做食育！

带孩子去田间地头、去超市菜场、去听故事，追本溯源，想让孩子对食物有正确的认知。

然而……没用。

此前的人生，我从来没有认过输。可生孩子，大约就是我接受"人生无常"的开始，有太多无法预料、无法控制的事情，也有太多付出巨大的努力最后一场空的失落。

一晃兄妹俩已经七岁多了，他们早就忘了小时候是吃母乳还是奶粉长大的，但智商、情商、抵抗力、运动力，都在线。

所以有时真的很想"穿越"回去，跟当时那个手足无措、深深自责的自己说上一句：

没关系，孩子们都会健健康康长大，好得很！

吃饭睡觉，不是本能

侧着放，不行
抱着躺，不行
就得抱着，一直抱着

没有孩子之前，我都不知道吃饭和睡觉还需要额外的训练，这不是本能吗？！

但孩子好好教育了我。还没有从母乳不够的暴击中缓过来，又要面临孩子睡眠地狱模式的考验。哥哥是个妥妥的"睡渣"。

"渣"到什么程度呢？原本只是晚上需要抱着睡，可

而此刻，孩子的小手就在身边，
他紧紧抓住我的样子，像极了当
年不肯让妈妈离去的我。不过这
一次，我会把绳子系得牢牢的，
不分开。

他得寸进尺，慢慢地发展到白天也要抱着睡的程度。

明明在怀里睡得极香，晃都晃不醒，但只要往床上一放，就跟有刺扎了他似的，开始大哭。我们试过很多办法：烘托睡眠气氛、到点关灯必须睡、贴身陪着睡、用 U 型枕头给他安全感……

不管用，统统不管用。只认奶睡、抱睡、溜达睡、深蹲睡……而且，只认我，爸爸穿着我的衣服抱都不行。

来探望我的亲戚朋友，每次看到哥哥一刻不离地挂在我身上，就啧啧叹气。我能有什么办法，这小子油盐不进，完全不体谅身体还虚弱的妈妈啊！

一晃抱了他五个月，马上就要回去上班了。上班前一晚，哥哥仿佛知道什么一样，不能离开他寸步，就连抱妹妹也必须把他捎上，一起抱。

上班第一天，我是在焦虑不安中度过的，下班狂奔回家，还在门口就听到哥哥在哭嚎。进去才知道：这一天哥哥就没消停，拒绝吃奶瓶、拒绝睡觉，甚至拒绝任何人抱。

孩子奶奶把他交到我手上那一刻：哥哥睁开眼看了看我，似乎笑了一下，然后钻进我怀里，一秒就睡着了。

或许他不是"睡渣"，他只是贪恋妈妈的气息。

也是那一瞬间，我突然觉得长时间以来的睡眠训练毫无意义，我为什么要强迫一个只有半岁的小孩养成好的睡眠习惯？

更神奇的是，我陪着他躺下之后，他也没闹，就紧紧地贴着我，两只小手紧紧抓住我的衣角。

看着那胖嘟嘟的小手，我的思绪荡回了自己的童年。

小时候我是跟着姥姥姥爷长大的，爸爸妈妈常年在外地出差，一年只能回来两三次。我到现在都还记得自己满心欢喜迎接爸爸妈妈回来时的画面：把头发洗得干干净净，让姥姥给我扎好小辫，穿上妈妈寄过来的新衣服，坐在院子门口安安静静等着。

那些天，跟妈妈相拥在一起睡觉，是我一年中最幸福的日子。

而每次到了妈妈要离开的前一晚，我都会哭得撕心裂肺，然后一边哭一边找来绳子，把妈妈的手和我的手绑在一起，才能安心入睡。我以为这样就能绑住妈妈，永远不跟妈妈分开。

但往往第二天醒来时，绳子那头已然空了。

爸爸妈妈已经走了。

我又难过得大哭一场。

而此刻，孩子的小手就在身边，他紧紧抓住我的样子，像极了当年不肯让妈妈离去的我。不过这一次，我会把绳子系得牢牢的，不分开。

双胞胎，大不同

同一个爸爸妈妈生的
同一个家庭环境养的
两个孩子竟然如此不同

最新一期的体检报告出来了：哥哥超重、妹妹消瘦；

最新的成绩单也出来了：哥哥颗粒无收，妹妹满载而归。

谁能想到呢，出生相差仅仅两分钟的兄妹俩，在先天、后天环境几乎完全一样的情况下，展现出了完全不同的特质：

一个"饭霸"，一个"饭渣"；

一个"睡神"，一个"睡渣"；

一个钝感，一个敏感；

一个爱看书，一个看到书就想跑；

一个爱艺术，一个爱挖沙子玩泥巴；

一个喜欢动手，一个"手残"；

甚至一个只吃包子皮，一个只吃包子馅儿！

对于我来说，养两个性格爱好、脾气秉性完全不同的娃，像是上天要跟我玩的一场游戏，而我完全摸不透游戏规则！

小时候，兄妹俩最多只是各玩各的、各吃各的，一个画画，一个拼图；一个吃面，一个吃饭；一个出去抓昆虫，一个留在家里看书。但慢慢地这种不和谐越来越明显，在资源有限的情况下，两个人之间的争抢也越来越多，越来越激烈。

原本每周六是一家人的"电影时光"，但每次仅仅是挑选看哪部电影就会让我精疲力尽：一个要看科学的，一个要看故事的；一个要看纪录片，一个要看动画片……

睡前阅读也是，很多时候还没开始就要结束了，拢共就半小时，结果两个人抢书就要花十分钟，好不容易决定下来，"输"了的那个还要嘟囔半天。刚刚能静下心来

我不敢放出自己的狼狈，怕被嘲笑；我不敢放出自己的抑郁，怕被贴上脆弱的标签；我也不敢放出兄妹俩的拆家视频，因为不想他们被贴上"熊孩子"的标签！

看书，提醒睡觉的闹钟就响了。

很多育儿书并没有提到双胞胎养育的难点，也没有给出解决方案，大概是因为这道题不仅对我来说超纲，对于绝大多数二孩母亲都是超纲的。

生孩子之前，所有人都说：生完孩子，一切就好了；但实际上，生完孩子，一切才刚刚开始。

我怀疑是不是所有妈妈都知道这一点，但都巧妙地隐藏了起来，这才有了人类的代代相传。不然为啥当我决定要孩子的时候，看到的朋友圈都是母慈子孝、其乐融融，没有"熊孩子"，也没有养孩子的各种难题。要知道，这些"假象"可是给了我很大的动力，让我满心以为养个小孩超级简单，而且超级快乐。

但等到我有了孩子以后，发现完全不是这样的。前三年都被孩子的吃喝拉撒包围着，我经常会茫然：我是谁，我在干什么，我为什么要做这些？甚至自我否定：为什么别人看上去带娃那么轻松，而我总是这么累，这么不快乐？

直到有一天，我翻看自己的朋友圈时，顿时一激灵：为什么我朋友圈里的哥哥妹妹这么可爱？！

这时我才恍然大悟：我也在做着同样的事情，"美化"养娃！我不敢放出自己的狼狈，怕被嘲笑；我不敢放出自己的抑郁，怕被贴上脆弱的标签；我也不敢放出兄妹俩的拆家视频，因为不想他们被贴上"熊孩子"的标签！

当我意识到养娃这件事情有滤镜之后，也慢慢开始重新审视孩子的成长这件事情的主体，究竟是家长还是孩子自己？

既然孩子来到这个世界上，出厂设置已经是确定的，几乎没办法改变，那么孩子只能基于这个出厂设置去激活各种程序，他们有属于自己的蓬勃旺盛的生命力。我们在教育中究竟应该扮演怎样的角色？我们在养娃这一路上给孩子加上的种种"Buff"，是助力还是卸力？

出差路上，我决定辞职

三岁之前
我是个称职的养育者
但绝不是好的教育者

孩子三岁那年，是我最迷茫的时候。

经历最初的手足无措之后，在养育兄妹俩这件事情上我越来越得心应手。但我知道，自己不是一个好的教育者，因为我对自己到底要做什么、要成为什么样的人产生了迷茫，我到底希望给孩子树立什么样的榜样？

我知道事业上需要更进一步，才有足够的资本和资源

很多时候，决定并不难做，难的
是抛开各种利弊权衡，通过做减
法，看到自己的内心。

来养大孩子；我也知道孩子需要更多的陪伴，才能给他们足够的安全感和底气去面对成长的阵痛。

朋友劝我不要想那么多，先把孩子养大再说，大家都是这样熬过来的。

但我不想"熬"。

彼时我已经是体制内的首席翻译，业务能力备受认可，人脉关系也很稳定，只等一个机会就能在职场上更进一步。所以当我做出辞职的决定时，所有人都非常不理解：为什么？

中年人的任何决定，都不是心血来潮。这个离开的念头，其实在孩子出生后就有了，初为人母的不适，尤其是休完产假上班后工作和家庭的矛盾，让我经历了整整一年的产后抑郁。

每天上班的路上，我都感觉自己身在一条长长的传送带上，被运到一个工厂去发挥一点点价值。

是兄妹俩的到来倒逼我去思考很多以前觉得理所当然的事情，这个过程是痛苦的。也是在那个时候，我开始写公众号，本来纯粹是为了疏导自己无处安放的情绪，但没有想到，越来越多的读者出现了。我是幸运的，在我能量最低的时候，遇到了一群友善的读者，给了我从未有过的动力：我真心想改变这一切，想变得更好，更有能量。

于是我下定决心去考一个含金量超高的证书，认认真真准备了一年，终于通过并且拿到了梦寐以求的工作机会。不得不说，这个证书给了我重新出发的勇气，也让我的思路打开了：我得首先找回自己的梦想，才能帮孩子好好成长。

是不是好妈妈，不应该以孩子优秀不优秀来判断。

明白了这一点，我突然对今后如何教育兄妹俩更有把握了，也对自己下半场的人生更有信心了。

我开始着手准备自己的工作室，我深知，我选择的不仅仅是另一份工作，而是另一种生活模式。我更希望将来兄妹俩遇到问题时，我有底气告诉他们：选择自己热爱的，把热爱做成一份事业是一件很酷的事情。

那一年，出差路上，工作室的小伙伴告诉我：工作室目前的订单已经足够支撑运转一整年了。挂了电话，我打开电脑，写了一封辞职信。

很多时候，决定并不难做，难的是抛开各种利弊权衡，通过做减法，看到自己的内心。工作如此，教育也是如此。我给自己的工作做了一次减法，也是时候，给孩子们的教育做做减法了。

02

成长之重

看多了电影电视剧，总是期待"逆袭"。

但孩子成长这一路，哪有那么多"抓马"的情节？

更多的是在日复一日里，在"出现问题——解决问题"的循环里，

收获平凡而普通的人生。

也许未来她在学校、在社会还是
会有人对她投来异样的眼光，但
请让孩子知道：你没有错，只是
这个世界可能还没准备好。

妹妹是个左撇子

不完美的孩子
也是上天送给我们的礼物

我家妹妹是左撇子，从小写字、吃饭、画画都习惯用左手。

全球左撇子只占总人数的 10%，也就是说，这个世界还是利好右撇子的。

孩子奶奶比较敏感，从妹妹小时候习惯用左手托奶瓶喝奶开始，就试图纠正，每次看到妹妹用左手就如临大敌。

我也有一段时间比较慌，不过查资料后发现：孩子的用手习惯要到 6 岁左右才能固定下来，那个时候再来判定孩子是不是左撇子才更加科学。

事实也的确如此。过去几年，在我没有任何干预的情况下，妹妹逐渐开始"左右开弓"，看书写字，用一会儿左手，用一会儿右手，并没有固定的用手倾向。可见，孩子自己也是在自我调整的过程中。

如果孩子"左右开弓"，到底怎么判断孩子是不是有左撇子倾向呢？

儿童发育专家给出了三个简单的方法来判断：

方法一：十指交叉紧扣，哪只手的拇指在上，哪只手就是惯用手。

方法二：在没有准备的情况下，突然递给孩子一个东西，孩子伸出哪只手接，哪只手就是惯用手。

方法三：观察孩子在生活中用哪只手握筷子、握笔，哪只手就是惯用手。

大家可能不知道，每年的 8 月 13 日是"国际左撇子日"，初衷就是为了消除各种文化中都存在的对左撇子的偏见。在中世纪的欧洲，左撇子甚至被认为是"异类"。在英语中，"Right"是右，也是正确的意思。而在东方文化里"左"往往也代表着贬义："旁门左道"形容不入流的方法，"左迁"表示降职等。

左撇子是疾病吗？肯定不是！

它是由人类的隐性基因决定的，平均每十个人中就有一个是左撇子（或者携带左撇子基因）。

世界上很多名人都是左撇子：科学家牛顿、居里夫人、富兰克林、艾伦·图灵等；企业家比尔·盖茨、福特、福布斯等；艺术家达·芬奇、拉斐尔、毕加索、贝多芬、巴赫、莫扎特、舒曼等；文学家海涅、尼采、安徒生、马克·吐温、卡夫卡等，这么多取得非凡成绩的伟人都是左撇子，这本身就是对偏见最大的驳斥！

如果家有左撇子孩子，一定不要强行改变。因为强行改变左撇子，可能会对大脑造成不可逆转的损伤。很多人被迫改变后出现口吃、阅读障碍或者小儿多动症。

大家看过《辛普森一家》吗？在这部被无数评论家认为是最伟大的动画片里，辛普森一家的邻居内德就是一个左撇子，他用一生的积蓄开了一家左撇子用品专卖店，专门经营左撇子用品。尽管他的店最后以失败告终，但是在他的影响下，世界各地涌现了很多专卖左撇子用品的商店。

看，这个世界上，总有一些人，在为消除偏见而奋斗。

这几年来，在我们默默地关注和保护下，妹妹一点儿也没觉得自己用左手写字有什么不妥，但是有时候左手写累了，会换右手，反而练就了"左右开弓"的本领。妹妹看到哥哥写字用右手，偶尔也会问我：为什么哥哥用右手写字？我说：每个人习惯不同啊，就像哥哥喜欢吃面食，你喜欢吃米饭一样，都是正常的。

也许未来她在学校、在社会还是会有人对她投来异样的眼光，但请让孩子知道：你没有错，只是这个世界可能还没准备好。

而看到妹妹开心地用左手画出的画、写出的字，我只觉得：这也太酷了！

哥哥有轻微阅读障碍

发现这个事情后
我内心起了很大的波澜
恨不得冲过去跟孩子道歉

妹妹四岁开始读简单的绘本，六岁就完全可以自主阅读了，但哥哥一直不太行，原本以为男孩子只是不上心、不用心所以速度慢，但仔细回想后，我隐隐觉得哪里不对。

比如，哥哥读书速度很慢很慢，而且经常认错字，会把"中国银河证券"读成"中国根流正卷"，把"不剩饭不剩菜"读成"不背菜不背饭"。写字就更不用说了，一会儿大一会儿小，还经常写镜像字。

这对孩子本身也是一种折磨，时间长了，哥哥非常抗拒读书和写字。

我心里怀疑这是阅读障碍，带哥哥去了专门的机构做检查，结论是有非常轻微的阅读障碍，但可以忽略不计。我一方面长舒了一口气，另一方面也觉得后怕：如果这种轻微的阅读障碍都已经给生活和学习带来了那么多的不便，那真正患有阅读障碍的孩子，该多不容易！他们看到的，可能不是文字，而是混乱的图像，甚至是一团乱麻。他们无法阅读，更无法书写。

而且这还不是个别情况，中国患有阅读障碍的孩子比例非常惊人，大约是 10%！也就是说，一个班上四五十个孩子里，可能有四五个孩子患有阅读障碍。而在美国，这个比例甚至高达 10%—30%！

患有阅读障碍的孩子，通常会在读写方面遇到极大的困难，导致学习成绩落后，从而被老师和家长贴上"学渣""差生"的标签。无论是家长还是老师，因为对阅读障碍没有深刻的认识，所以产生了诸如"这么简单的字，怎么就是不会"的想法，甚至会把这些问题归咎于智力、学习习惯、家庭教育。

在目前对教育的评价标准仍然比较单一的环境下，不会读写，就意味着孩子的失败，认为孩子书都读不好怎么可能自立，养活自己。无论家长还是孩子都会承受巨大的压力。而更令人难过的是，到目前为止，这个问题没有好的解决方案，阅读障碍仍然是一个"不能说的秘密"。

同事的孩子就因为有阅读障碍，经常被老师"投诉"："这孩子读书特别慢，一个句子教了四五遍都不会；写字也慢，别的孩子半小时就能写完，他写两小时只写了两行！你们做家长的，还是要多用心啊！"

同事也很无奈：在家教了很多遍，单个字会读，连在一起就读不了；写的字总是反的，比如把"妈"写成"马女"，把"吴"写成"口天"，完全搞不懂他的逻辑……

同事特别挫败，也因此跟家人发生了严重的冲突。孩子爸爸认为要不然就另辟蹊径，让他去学个别的特长。但同事还是希望孩子能克服这个缺陷，成为"正常人"。矛盾冲突多了，家庭也变得摇摇欲坠。

日本作家品川裕香的两本书《我没偷懒！》《我能记住！》，记录了大量患有阅读障碍的孩子遇到的成长困境，每一个都让我这个当妈的看得极为揪心。

校园霸凌、老师贴标签、升学困难、工作难以自立……不少有阅读障碍的孩子甚至有过轻生的念头。其实很多患有阅读障碍的孩子，在上学之前跟正常孩子没有任何

我们中的大多数，本就是平凡

人啊！

差别，开朗活泼，能听能说，甚至更加聪明。但是一上学，开始阅读写作之后，就表现出巨大的不同。而且，这不是因为孩子不努力或者偷懒，而是真的做不到！！

我们国家也有一部关于阅读障碍儿童的纪录片，非常推荐大家去看看，叫《我不是笨小孩》，讲的是三个有阅读障碍的孩子和他们所在的家庭的故事。这些家庭面临的困境、这些孩子身处旋涡中的无力，都让我非常难过。

在查阅了大量资料后，我总结了一些阅读障碍的表现供读者参考。当然，这些表现不是绝对的标准，如果孩子的情况符合其中一两条，也不一定就是患上了阅读障碍。

我只是希望，如果孩子读不出来写不出来，成绩差被老师批评，作为家长，我们先不要苛责孩子，这一切也许并不是他的错！

阅读时，经常漏掉文章的某一行或者某一句；

读过的部分，经常重复阅读，而且自己没有意识到；

阅读时，反应速度较慢；

经常读错字形相近的字或词；

经常忘记自己读到哪里；

需要多次阅读才能理解文章意思；

文章信息较多时，感觉混乱；

阅读时，经常颠倒顺序；

说话时，总是无法找到合适的词汇；

转达信息时，总是逻辑混乱，没有重点；

写字时，速度非常慢，无法下笔；

写出的字，笔顺错误；

写出的字，结构错误（比如上下左右结构混乱）；

写出的字，自己难以辨认；

相似的词汇，无法分辨不同；

任意组合词语，制造只有自己知道含义的词汇。

如果以上的情况孩子出现一半还多，就需要格外重视了。患有阅读障碍的孩子中，60% 同时患有注意力缺陷、多动症，这是先天性的疾病，真的不是贪玩调皮有问题。

可是目前为止，尚没有科学有效的办法来治疗阅读障碍这种疾病，还是要靠父母和老师的细心、耐心指导，找到适合的教学模式，帮助孩子成长为自强自立、心理健康的人。

但很多事情，就像硬币的两面，有利也有弊，很多有阅读障碍的人在别的领域取得了很大的成就。

著名的影星汤姆·克鲁斯小时候写字颠倒、阅读困难，不得不在特教班上课，在母亲的帮助下才勉强完成学业。

他曾这样描述自己的经历："我必须训练自己集中注意力，我变得非常视觉化，并学会了如何在脑海中创建图像，以便理解我读到的东西。"

新加坡前总理李光耀也曾在访谈中透露出他患有轻微的阅读障碍。在剑桥大学就读期间，他写给妻子的信上常常有错字，而且写得很慢，速读时也总会遗漏一些关键字。学习中文数十载，但他的中文能力仍只有初中程度。直到在女儿的建议下接受了英国阅读障碍专家的检查，他才知道自己患有轻微的阅读障碍，而家族中除了他外，女儿也遗传了阅读障碍这一疾病。

还有爱迪生、安徒生……

举这些例子不是鼓励走极端：这么多名人都有阅读障碍，那就随他去吧。虽然阅读障碍现在并没有科学有效的办法治愈，但是帮助孩子正视问题、解决问题，让孩子树立正确的价值观，是非常重要的，当然也是极为考验家庭承受能力的。

充分认识到"这不是智商问题，不是孩子笨"；

面对学校或者老师的苛责，敢于讲清楚，并且跟孩子站在一起，充分支持孩子；

找到适合孩子的学习方法，强烈推荐大家看看阿米尔·汗的《地球上的星星》，他扮演的尼克老师在面对有阅读障碍的孩子时给出了很好的示范。

阅读障碍虽无法根治，但通过适当的引导，孩子也是可以完成读写任务的，只不过需要的时间比较长，阅读写作的速度比较慢。孩子即便成不了所谓的"大人物"，也创造了属于他自己的人生奇迹了。更何况，我们中的大多数，本就是平凡人啊！

这个伶牙俐齿的小孩，上台后失语了

孩子成长中的问题
很多并没有答案
或许在困惑中多待一会儿
会发现答案也许不重要了

妹妹五岁左右时，我看到一则小朋友英语演讲比赛的通知，想着妹妹可以试一下，就报了名。报完名我没有第一时间跟妹妹说，也没有特别准备。

比赛前三天我才告诉妹妹，她还挺兴奋的，一下子就答应了，很积极地挑选出了要讲的故事：努力工作的牙仙子。虽然比赛是允许小朋友带稿读的，但是妹妹决定脱稿自己讲。她甚至连道具都自己准备好了。

比赛当天，妹妹穿得美美的到了现场。很多小朋友在备赛间拿着书稿练习，只有妹妹拿着魔法棒跟我玩。轮到妹妹上场了，因为家长不能陪同，妹妹就跟着陪考老师进了赛场。

结果不到五分钟，她就出来了。

我正想着这是速战速决了呀，结果就听到陪考老师说："小朋友上台后，一句话也没说。家长您给孩子做做心理建设吧！"我心里一万个疑问，妹妹也算是经历过很多大场合了，不至于说不出话啊！

妹妹看着我，很坦诚地说："妈妈，我刚才没说话！"

"为什么呀？"

"没有为什么，我就是不想说话！"

我们聊了十分钟后，妹妹重新回到了考场，但这下可好，等了半小时都没出来。

眼看着比她后进去的小朋友都讲完出来了，她还没动静，我就急了，赶紧问陪考老师，老师告诉我："小朋友还是一上台就不说话，现在坐在评委席上跟评委老师玩儿呢！"

这下我更不懂了。跟评委老师玩，说明她不紧张。但

作为妈妈，我要允许孩子偶尔用
感性去做决定，更要允许自己困
惑，并且克制自己想要控制一切
的冲动。

是一上台就不说话，说明肯定有事啊！比赛都要结束了，妹妹才缓缓出来，一脸平静地告诉我："妈妈，我还是没说话。"

事已至此，我也不知道到底怎么了。尽量冷静地带她回到车上，路上我没问，她也没说。

到家后，我还想着怎么开口呢，妹妹走过来跟我说："妈妈，我今天没说话，你是不是不高兴？"

"妈妈也没有不高兴，就是想知道发生什么事情了。"

"其实我会讲，但是我只想讲给你一个人听。"

我这才明白女儿的小心思：别人听不听都没关系，我只想讲给妈妈听，妈妈不在，我就不说！！！

本来我还准备了一堆道理，那一刻，我觉得都不重要了。

不知道多少妈妈跟我一样，对于孩子不合常理的行为，总忍不住想挖掘背后的原因、动机，然后找到解决办法。

孩子发脾气了，原因是什么？

孩子不愿意社交，原因是什么？

孩子总是和我对着干，原因是什么？

孩子被打了不愿意还手，原因是什么？

孩子读书没有耐心，原因是什么？

包括这次妹妹上台不说话，我的心里也有一百个为什么。然而妹妹从头到尾很淡定，用一个简单的理由就击中了我。

　　而且当天晚上她反问了我一个问题："妈妈，你有没有不想做事情的时候？"

　　"当然有啊！"

　　"比如呢？"

　　这一问，我突然卡壳了。

　　我的确有很多时候，面对一堆事情就是不想做，但一问什么时候什么事情呢，我还真想不起来了。

　　想不起来说明不重要吗？不是，这正说明人不是机器，感性有时候就是会战胜理性。

　　长这么大，我总是告诉自己要理性，不要感性，理性才是正确的选择。可是现在回想起来，我做过的最正确的决定，往往是一边困惑一边 follow my heart（听从我的内心）做出的，并没有什么特别的道理。

　　孩子是人不是机器，不是每一种行为都能找到解释，很多问题是大人无论如何也想不明白的，因为你没有在那个位置！

　　在困惑里多待一会儿，这是我当时想明白的一件事。让孩子参加这次比赛对我来说，是件挺重要的事儿，但对女儿来说，仅仅是讲故事给谁听的选择而已。

我相信，在她成长的路上，还会有很多这样的时刻，作为妈妈，我要允许孩子偶尔用感性去做决定，更要允许自己困惑，并且克制自己想要控制一切的冲动。

这是一次"失败"的参赛经历，但于我而言，却是当妈路上宝贵的一课。

妈妈你加油，我先不了

我这个极度自律的人
竟然生了一个极其松弛的孩子

我在日记本里认真抄写过陶渊明的《责子》：

责子

陶渊明

白发被两鬓，肌肤不复实。

虽有五男儿，总不好纸笔。

阿舒已二八，懒惰故无匹。

阿宣行志学，而不爱文术。

雍端年十三，不识六与七。

通子垂九龄，但觅梨与栗。

天运苟如此，且进杯中物。

哪怕是"采菊东篱下，悠然见南山"的陶渊明，看着不好纸笔、懒惰无匹、不爱文术、不识六七的孩子们，也头疼得不行，只能感慨一句：天运苟如此，且进杯中物。

之所以收藏这首诗，是因为我也有一个"不识六七"的儿子。

"儿子，走，跟妈妈跑步去！"
"妈妈你加油，我先不了。"

"儿子，你过来，为什么数学书上这么多涂鸦？"
"妈妈，你看看我的英语书，很干净，因为根本没打开过。"

"今天日记写了吗？"
"妈妈，一个月我能有几天不写日记吗？因为那几天我比较正常。"

孩子并不是一张白纸，他们自带
轮廓，甚至自带色彩，在成长的
每一天，这些轮廓和色彩会一点
一点显现，并不以家长的意志为
转移。

"写日记就不正常了？"

"对啊，正常人谁写日记？"

"咦，今天期末考试，你这么早爬起来，在忙什么？"

"今天考一天，根本没时间看昆虫，我得抓紧时间看完再去考试……"

"妈妈，我想学俄语！"

"为什么？"

"因为俄罗斯的蛋糕很甜，香肠很咸。"

"妈妈，无名指为什么叫无名指？"

"因为他没有名字。"

"可是人们叫它无名指不就给了它名字吗？"

他脑袋里各种天马行空的想法，不按逻辑出牌的思路，完全超出了我的认知范畴，但不得不说，他的松弛和坦诚，也在反向教育着我。

兄妹俩在很多方面是反过来的，比如哥哥爱收拾，妹妹则随我，东西不堆成山就不收拾……有一天看着对比鲜明的两个桌面，我忍不住小声提醒妹妹："妹妹，你要不要问问哥哥，是怎么收拾这么干净的？"妹妹去问，结果哥哥大手一挥："嗨，不学习，就不会乱，你一直不用，它就一直干净。"

有一次他遇到了不认识的字，大大方方找妹妹咨询，爷爷奶奶笑他："你是哥哥，怎么还找妹妹认字？"结果他很认真地说："哥哥怎么了？哥哥也不是万能的，哥哥也有不会的时候啊！"

哥哥在很多方面都非常松弛，但他对于一些特定的事情又很在意。比如，有一次给孩子们讲故事：三个兄弟长大成人，要去寻找自己的幸福。三兄弟本来是一起出发的，结果慢慢地，笔墨都倾向了弟弟，因为弟弟是主角。在讲故事的过程中，哥哥一直追问我："怎么不写那两个哥哥了，他们后来怎么样了？"我说："不知道，他们又不是故事的重点！"

谁知哥哥皱起了眉头："可是每一个人都很重要，我想知道他们的故事。"

我也想过给哥哥报个班，问他想学什么，他说："我不想在教室里学习，就想去山里抓昆虫。"

哥哥的性格其实就是硬币的两面，一面是"不识六七"，另一面就是"松弛通透"，都不是我能左右的。

没有孩子之前，我也以为孩子的性格是可以改变的，孩子的人生是可以规划的，也相信脾气秉性是可以遗传的。但实际情况是，孩子并不是一张白纸，他们自带轮廓，甚至自带色彩，在成长的每一天，这些轮廓和色彩会一点一点显现，并不以家长的意志为转移。他挂在嘴边的"妈妈你加油，我先不了"也许就是他对自己轮廓和色彩的坚持。

高敏感的女儿，我拿你怎么办？

钝感力，一定很好吗

高敏感，一定不好吗

女儿小时候发生过一件事情，吓到我了。

有一天她跟哥哥打闹，玩得太疯了，脸碰到了桌子上的一块黑色颜料，有点洁癖的她非要让我给她洗掉，可洗了半天还是有一块非常浅的印子。我觉得没关系，就让她继续玩了。可是半小时后我发现，她脸上的颜料是没有了，取而代之的是一块血印子！妹妹看到我一脸慌张，马上躲开不说话，显然是自己抓伤的。

我仔细一想，是不是因为我当时半开玩笑跟她说的一句话："妹妹，一定要保护好自己啊，你看颜料沾到脸上洗不掉了呢！"会不会她真的以为颜料洗不掉了，所以直接上手抠？我的女儿，这么敏感的吗？

　　刚好我妈打电话过来，聊完正事我就提了一嘴妹妹刚才非常奇怪的举动。我妈说："太正常了，你小时候就是这样！有一次你穿了条白裤子去上学，结果刚好赶上下暴雨，你放学回来的时候裤子上全是泥点子，我就半开玩笑说了一句'囡囡变成小泥猴儿了'，结果从那天开始，你再也不穿白裤子了。我看你现在衣柜里也没什么白裤子嘛！"

　　说者无心，听者有意。我还真去衣柜里看了看，果然只有一条白裤子，还基本没怎么穿过。大人无意间的一句话，真的会对孩子产生这么大影响吗？还是我的孩子太敏感？

　　我的儿子就是一个非常钝感的孩子。他就像书中的小王子，有自己的星球，有自己的世界，别人不容易闯入，内心世界非常稳定。我们的批评也好，表扬也好，对他都产生不了太大的影响。

　　而我的女儿，则是一个高度敏感的孩子。她很在意老师的评价、同学的声音、朋友的心情，外界的风吹草动在

都说养娃如修行，修的应该是"自察"的行，每当我忍不住想去给孩子贴标签时，就会被另一个我拽住："别让那句话说出口。"

她心里都会起很大的波澜。有一天她回家闷闷不乐，怎么问都不说原因，后来才知道，好朋友生日聚会没有给她发邀请，所以她特别失落。直到同学妈妈给我打电话，说给妹妹的邀请函竟然漏发了，很是抱歉……妹妹这才开心起来。

但同时，她也有着强大的共情能力和理解能力，快乐着别人的快乐，悲伤着别人的悲伤。

她会在听我讲故事的时候因为入戏太深哭到不能自已。

她会因为哥哥搭建了一个帅气的积木城堡而高兴得一蹦三尺高。

她会在看烟花时说："妈妈，我觉得烟花在撞天！"

她会在安安静静看着大海很久很久以后，跟我说："妈妈你知道吗？大海就是沙滩的妈妈，总是想跑过来亲宝宝，一下又一下……"

她会在车上安安静静看着天空很久很久以后，跟我说："云朵在试衣服，白色的不喜欢，蓝色的不喜欢，黑色的不喜欢，但是橙色的最喜欢！"

跟哥哥喜欢同一个小朋友时，妹妹会说："哥哥，你把我的好朋友挑到你的心里去了，我的心里就空了！"

早上醒来，她会第一时间跑过来找我："妈妈，你刚才在我的梦里，现在我要把你装回去！"

七年了，妹妹把"敏感"的另一面"同理心"发挥到了最大，收获了一群好朋友，也把自己细腻敏感的观察力用绘画的方式展现出来，甚至出了一本画册，让一批跟她一样高敏感的孩子开始正视自己的优点。

所以，钝感一定好吗？敏感一定不好吗？作为大人，我们习惯了给别人贴标签，这个人情绪化，那个人太冷漠，然而这一切都是从我们自身的立场出发得出的评价和结论，是审判者的角度。

如果用这样的"他者视角"养孩子，那就是非常危险的事情了。都说养娃如修行，修的应该是"自察"的行，每当我忍不住想去给孩子贴标签时，就会被另一个我拽住："别让那句话说出口。"

妹妹的表现也让我认识到：钝感、敏感其实也是一种标签，不要轻易贴到孩子身上。现在的我更愿意把他们称为：内心世界秩序非常稳定的孩子和情感世界非常丰富的孩子。

03

给育儿做减法

大道至简，
育儿不需要技巧。
给育儿做减法，
回归真实的生活，
这里藏着最智慧的教育方式。

养鱼，其实是养水。

水好了，鱼自然能好。

养娃，其实是养家。

家好了，孩子自然会好。

真实的生活自有力量

养鱼，其实是养水
水好了，鱼自然能好
养娃，其实是养家
家好了，孩子自然会好

　　兄妹俩很小的时候非常想养宠物，于是我们一家去逛花鸟鱼虫市场，带回来了几个新成员：小鱼和小龟。当时很多朋友跟我分享了这么一条经验：一天喂一次食，三天换一次水，五天清洗一次鱼缸，七天换一批鱼……
　　这条经验真是给我敲响了警钟，再小的鱼也是生命，值得好好对待。于是我跟爸爸一下班回来就跟孩子一起照顾小鱼小龟：晒水，换水，打氧气，清理鱼缸垃圾，时不时给小鱼小龟换个水底装饰……

一个月过去了，小鱼小龟生活得很好。

一年过去了，小鱼小龟还幸福地生活在鱼缸里。

三年过去了，鱼缸的生态环境越来越好，还陆陆续续迎来了很多新朋友——小螃蟹、海螺，我家的鱼缸也越来越多。

养鱼这几年，我跟爸爸总结出了一个深刻的哲理：

养鱼，其实是养水。

水好了，鱼自然能好。

养娃也是一个道理。

养娃，其实是养家。

家好了，孩子自然会好。

这几年很多爸爸妈妈都很焦虑，生怕一个不小心，就会耽误孩子。其实，如果一个家庭的家风很正，大人都善良正直、认真负责，在为这个家努力奋斗，孩子会看在眼里、记在心里的。所谓"养娃，其实是养家"就是这个意思：我们需要传递给孩子的，不仅仅是要会学习，更要学会如何生活、如何与人相处、如何为了目标坚持不懈……这是一个整体，不可分割。

也是认识到这一点后，我开始认真审视：哪些事情是不必要的，哪些事情是必须做的。这些年我也曾陷入一个怪圈，不停地买各种育儿书，报远方的育学营，总认为"教育在别处"。

也是在"给育儿做减法，给成长做加法"的过程中，我发现了一个早应该被大家重视的常识：最真实的生活，就是最加分的教育。

有一次带孩子去公园玩，那个公园有很多井盖，兄妹两很细心地发现，每个井盖上的字都不一样，有的写着"污"，有的写着"气"，有的写着"电"，有的写着"水"。

他们问我："妈妈，为什么这些井盖上的字不一样？"

我说："那是因为井盖下的管道有不同的功能，有的排污，有的送气，有的走水。"

孩子又问："那地下的管子不是很乱吗，会不会走串门？"

我说："不会的，每个管子都有自己的路线。"

回家后我又找了一张图给孩子们看，孩子们看着城市地下的管道图很是惊讶，这才发现：原来我们生活的城市，有很多隐藏的运行的秘密！

网络世界越来越发达，与真实生活切断联系后的孩子，无异于行走在云端，时常看不清前方，感受不到泥土和草地的清香，甚至不知道生活的意义。

　　"找管子"这件事像一盏小灯，让我从各种迷茫中看到了当下，也看到了未来：大道至简，真实的生活才能激发孩子最原始的好奇心。

医生给我上的课

三人行
必有我师
有时候
一人也行

　　小孩子的牙往往是从牙缝处开始坏的，而且坏得很隐蔽，不仔细看根本发现不了。这几年带哥哥补了好几次牙，印象最深刻的，是有这么一次：一位牙科医生给我现场演示了什么叫"跟孩子相处"。

　　我刚带哥哥进诊室，一位年轻的医生就笑着说："小

伙子一看就是好孩子，我猜你今天一定会表现得非常非常好，对吗？"（心理暗示：给哥哥一个积极的信号）

被夸得飘飘然的哥哥点了点头。医生接着说："小伙子，仔细听好啊！首先平躺下来，手抓着裤子，不要动；然后我会检查一下你需要补几颗牙，过程中可能有一点不舒服，但是你越配合，我们就会越快结束，你就可以早点回家，明白吗？"（清楚地陈述事实，医生全程蹲下来并看着哥哥的眼睛，语气非常认真，让孩子感受到自己被尊重，并且知道自己需要做什么）

哥哥像被施了魔法，非常乖巧地配合医生做检查。

医生检查完后，告诉我："需要补两颗牙。"然后很麻利地给哥哥的牙齿套上小雨衣，哥哥觉得牙齿被箍紧了，不安地扭动着身体。医生马上停下来，说："有点难受是不是？不过我想告诉你的是：整个过程就这一步有点难受，因为我要把你的牙齿固定好，不然就会伤到其他牙齿。你这会儿挺住了，接下来就一点儿也不疼了。"（及时共情，说清楚利弊，相信孩子的接受和理解能力）

哥哥听到以后真的安静了下来。清洁龋齿的时候，医生也停顿了一下，告诉哥哥："我现在要帮你捉虫子了，因为虫子比较多，你不要乱动，不然就捉不到了。等我数到十的时候，小虫子就都被消灭了！"（恩威并施，明确

即便我们忘了怎么当个孩子，也
要能感受到身为孩子，他们在紧
张什么，为什么而紧张，以及怎
样处理紧张。

告诉孩子这个过程会持续多久）

然后医生就开始慢悠悠地数："一个数，两个数，三个数……哎呀呀，小伙子你可真棒，我都数到五个数了，你还在坚持没动，真棒，那我接着数了哈，六个数、七个数……"（让孩子时刻感受到被陪伴，有安全感，才不会紧张乱动）

等医生数够"十个数"的时候，其实已经过了三分钟。

补完一颗牙后，哥哥明显没有耐心了。不愧是见多识广的医生，开始跟哥哥"谈心"。

"你有兄弟姐妹吗？"

"我有个妹妹。"

"那我猜，你一定是妹妹的榜样，不怕困难更不怕补牙。"

"嗯，我不怕，就是有点不舒服。"

"我知道，如果我的牙齿坏了，也一定跟你一样不舒服。前期没有好好刷牙保护牙齿，那就要承担补牙的痛啊，你说是不是？"（共情，同时也指出问题）

哥哥没说话。

医生接着说："你知道吗？今天阿姨已经给几十个孩子补牙了，接下来还要给几百个孩子补牙，但我相信，在我补牙的小朋友中，你会是表现最好的，因为你特别配合，

刚才一直配合得特别好！"（表扬，给孩子荣誉感、自豪感）

哥哥又乖乖躺下来了。

第二颗牙烂得不算严重，所以很快就补好了。

我问医生之后有什么需要注意的，医生说我来交代孩子，你在旁边听着就行，然后就很认真地对哥哥说了5条建议，哥哥频频点头。

就在哥哥去拿小礼物的过程中，医生转头悄声跟我说："我要是直接对你说，孩子会觉得这跟他没关系，以后也不会太上心，总得让他学会对自己的牙齿负责，是吧？"（分清责任主体，让孩子知道身体是自己的）

我笑了笑说："懂，感谢您！"

回去的路上，我让哥哥重复一下刚才医生的5条建议，他果然都记住了，说得头头是道。

这位医生果然有方法，无论情绪管理能力，还是专业技能，都是接近满分的状态。在面对患者时，感受别人的感受；在患者紧张时，停下来认真解释；在患者不知所措时，认真告知将会发生什么。

短短20分钟，就把一些育儿的黄金方法运用得淋漓尽致：时时共情、及时肯定、心理暗示、让孩子自己负责……

如果说我在这一系列看似华丽的育儿技巧后面看到了

什么，那就是"感同身受"这四个字。我曾经认为这世界不存在感同身受，只有身受而感同。但我今天才明白，感同身受也许不存在，但却是我们需要追求的目标。

这个目标就是：即便我们忘了怎么当个孩子，也要能感受到身为孩子，他们在紧张什么，为什么而紧张，以及怎样处理紧张。

也许这些，才是那位医生真正要传达给我的信息：哪有什么技巧，不过就是发自内心地理解孩子。

无需沉迷育儿技巧

我们不再沉迷于育儿技巧
方能收获一段良好亲密的亲子关系

有天晚上陪孩子练字的时候，不小心把脚划伤了，血一下子就没过了指甲盖，我疼得喊了一声，兄妹俩赶紧过来看。

妹妹瞬间就哭了，边哭边问我："妈妈你疼不疼？是不是很疼？"一边抹着眼泪一边去给我找创可贴。哥哥则直接趴在地上不停给我的脚吹气止疼。

被我劝回去继续写字后，哥哥一直心神不宁，特别不放心。

一会儿回头跟我说："妈妈你离那个椅子远一点，别再碰到了！"

一会儿又回头跟我说："妈妈，我去给你拿双袜子，多少能保护一点。"

一会儿干脆放下笔，跑出去搬了个椅子放在正中间："妈妈你坐这里，很安全！"

……

第二天早上7点闹钟一响，兄妹俩爬起来第一件事情就是跑过来看我的脚好点没，边看边交代我："妈妈，你今天千万不要碰水，结了痂就好了。"

我的心里暖暖的。一直坚强一直在奔跑的我，这几年因为两个孩子开始变得柔软，开始放慢脚步。

我一方面觉得庆幸，孩子还是没白养；另一方面也想到网上很多令人唏嘘的新闻：留学生因不满父亲打钱太少回国行凶，高才生对亲生父母大打出手，孩子上大学后跟父母断绝亲子关系……心惊胆战。

那么问题来了：怎么让孩子成为一个温暖的人？或者说怎么避免这样极端的亲情破裂？

我们之所以担心孩子会成为"白眼狼"，是因为我们对孩子有期待，或者说对我们自己的付出有期待：

我养你这么大，你要孝顺我；

我倾尽所有抚养你，你也要倾尽全力回报我；

我对你好，你也要用我对你的方式对待我。

但实际上，如果抱着这样的期待，那么无论孩子怎么做，可能都会成为所谓的"白眼狼"。

因为父母对子女的爱从来都是单向的。

所以从一开始，我们就要摆正位置。

作为父母，我们真心希望孩子成材，并且会倾尽所有助力他们飞向自己的目的地，但那个目的地是他的，不是你们一起的，更不是你的。把孩子当朋友，而不是投资回报。你用你的方式去帮助他，也要接受他用自己的方式对待你。

很多妈妈都沉迷于育儿技巧，但是当我们用技巧对待孩子时，得到的回报也是技巧性的。比如就有很多所谓的经验贴，教妈妈们如何让孩子心疼自己，向孩子撒娇、故意示弱，等等。

我真的不建议这样做，为何不尝试丢掉所有的育儿技巧，把孩子当成一个真正的人来相处呢？何况我也相信绝大多数妈妈都没有这个时间和心机去跟孩子装柔弱。

这次的脚伤小事，孩子们忙前忙后的样子在我家是真不多见，因为我是一个一年四季都保持战斗状态的人，几乎从来不在孩子面前喊累喊苦，我想让他们做什么，直接沟通就行，不用装。

很多孩子不是不会心疼人，只是当看到你不舒服时，不知道怎么做才能帮到你。所以，一定要给孩子明确的指令。

当自己真的撑不住时，大大方方跟孩子们说："妈妈今天不舒服，需要休息一下，如果你能帮我拿些水，再陪陪妈妈，我会很高兴。"

孩子看到了妈妈的真实状态，也收到了明确的指令，一定会去做的。时间长了，孩子再看到妈妈脸色发白的样子，就会知道应该怎么做才能缓解妈妈的痛苦。别藏着掖着，也不用示弱矫情，做个真实的妈妈，才能收获真实的关系。

我们经常说言传身教，是因为自己先做一个温暖的人，一个能量值很大的人，才能影响到孩子。

给孩子做英语启蒙时，输入 10 次，孩子才能输出一次。言传身教这件事情也是一样的，同样的事情你做十次，可能才会真正走进孩子心里。

如果孩子看到的都是：

家里有人不舒服，彼此都是第一时间照顾陪伴；

邻居有困难，爸爸妈妈都是力所能及地提供帮助；

朋友有需要，爸爸妈妈也是不遗余力相帮。

他们看到过温暖，接受过温暖，才有能力把温暖传递出去。

其实兄妹俩三岁左右，我还发生过一件小意外。

当时孩子们在公园玩滑板车，我玩心上来就跟妹妹踩同一辆滑板车滑了一小段（错误行为，切勿模仿），结果刚好遇到一段下坡路，还有好多个坑，刹车也刹不住，眼睁着马上要摔坑里去了，我跟妹妹可能都会飞出去。

两秒之内我就做了决定：主动摔倒，这样妹妹倒在我怀里，她就会没事。

可是我摔到一堆小石头上，造成尾椎骨骨折，养了一个多月才好。

兄妹俩抱着摔在地上的我哭得好伤心，坚持要陪我上医院，我到现在都还记得他俩像小大人一样跟着爸爸忙前忙后，边哭边努力踮着脚尖看爸爸手上的检查单，仰着小脸焦急地等着爸爸的答案……

我鲜少在孩子面前表现脆弱，他们也知道自己有个强悍的妈妈，但这并不影响孩子成为一个温暖柔软的人：看到美景会惊呼，看到喜欢的美食会大快朵颐，看到小昆虫迷路会担心，看到有人受伤会忍不住去帮忙。

即便他们将来没有以我对待他们的方式去对待我，我也不会有任何遗憾，毕竟"朋友"一场，互相尊重，互相成就，就很好啦！

为何不尝试丢掉所有的育儿技巧，把孩子当成一个真正的人来相处呢？

和六岁小孩谈钱

当六岁小孩开始关心家里有没有钱的时候
那么是时候开始现场演示了

有一年，家中经济压力突然变大，我跟爸爸每天都会花一些时间讨论开支。其实不算什么大事，压力也都是暂时的，但是兄妹俩还是非常敏感。当时刚好又赶上疫情，物资有些紧缺，哥哥妹妹对家里的一举一动都格外在意。

我们都以为小孩子嘛，敏感也是正常的。但直到有一天，哥哥吃饭的时候，突然停下来，问我："妈妈，咱家的米还够吗？你还有钱吗？"我跟爸爸才意识到：最近的事情叠加起来，对孩子还是造成了一些影响。

我带兄妹俩进厨房，打开米桶，发现余粮确实不多了。哥哥看看米桶又看看我，仿佛在说"妈妈你看，确实不够"。我问哥哥："你知道一袋米多少钱吗？"哥哥摇摇头，我打开购物网站，指着家里常买的那一种给他看，哥哥看到后说："100。"

我说："宝贝，妈妈现在就来解决这个问题。我打通了一个电话，那是一家一直想找我做翻译的律所，当着孩子的面，我们沟通好了翻译细节，包括报价。挂了电话，转账就到了，我打开手机给哥哥看，哥哥看到了好几个零，问我能买几袋米。

我俩算完之后，马上网购了几袋米。物流很快，下午就到了，我特意让哥哥去收快递。因为一起寄过来的，还有哥哥心仪很久的恐龙模型。

哥哥悬着的心放了下来。

我跟兄妹俩说："世界上有很多困难，当我们遇到的时候，感到焦虑、无助都是很正常的，你看爸爸妈妈最近也会焦虑。但解决这些问题，靠的是脑子里的知识，就像妈妈这样。"

兄妹俩从那以后再没问过我家里钱够不够的问题。

其实如果按照育儿书上的建议，我当时应该抱紧孩子，接纳他的情绪，给他安全感，告诉他没关系，米还是够的。但我突发奇想，决定直接现场演示解决问题的整个过程。

比起语言，行动更能带给孩子安全感。

这些年财商教育越来越被重视，但大多数书本中的财商教育是自上而下的，孩子其实无法产生强烈的共鸣，相反，生活中的"经济学"才是最经济最有效的财商教育。

我特意带孩子去超市观察了大半天，每一次的人来人往，背后都是一次经济行为的完成；每一次仓库的大门打开又关上，千里之外的工厂就会动起来；哪怕是一袋牛奶的包装设计，都可能关系一家公司的生存；而每一辆汽车发动的瞬间，都在燃烧着万里之外运过来的汽油……

而每一次兄妹俩知道这些"生活的真相"时，都会瞠目结舌。他俩从来没有问过我，读书的意义、学习的意义，大概也是因为从小就知道，万事万物都有联系，今天所读的、所看的、所学的，未来都会在哪个转角给自己惊喜吧！

万事万物都有联系，今天所读的、
所看的、所学的，未来都会在哪
个转角给自己惊喜吧！

孩子们盯上了共享单车上的广告

千言万语
不如让孩子来到真实世界

两年前我们开始践行低碳生活，5 公里以内的出行基本都靠共享单车解决，每天下午骑着小黄车去接兄妹俩放学。骑过共享单车的朋友也都知道，车上有很多广告，而且多是见不得光的那种。

所以选车时，我会尽量避开带着小广告的车。但是有一天实在太着急了，骑着路边仅有的一辆赶去接孩子。结果，这辆车上的小广告成功吸引了兄妹俩的注意。

这个小广告是这样的：急用钱，联系 ×××××，最快两小时放款。

孩子的好奇心已经上来了，怎么办呢？我想了一下，也许是个绝佳的财商教育机会。于是接下来，我跟兄妹俩进行了三轮非常有意思的对话，记录如下。

第一轮：广告

妹妹问我："妈妈，这个联系人是银行吗？"

我说："那肯定不是啊。银行是大家都知道的借贷渠道，不用打广告，需要用钱的人也会去找银行贷款，贷款的意思就是借钱。"

妹妹说："那这个就是平时大家不知道的，需要放广告来让大家知道。"

我："对！但是你想想，我们都在哪里看到过广告？"

妹妹："电视上、电梯里、杂志上、宣传单上……不过自行车上还真是少见呢！"

我："你说的都是正规渠道，是经过相关机构审核才能发布的广告，但是车上的小广告却是随手贴的，是真是假都没有人监管哦！"

妹妹："那就是说，他可以随便说，不用负责任，那就不能相信！"

我："对！"

第二轮：借钱

听完我跟妹妹的对话，哥哥思考了半天，也开口了："妈妈，那这个人为什么要借钱给别人，他钱很多吗？"

我："你的问题很好，怎么可能上赶着要把钱白白借给别人呢，又不是慈善机构，慈善机构就是专门做好事不求回报的机构。"

哥哥："我平时借东西给妹妹，都要提要求的，这个借钱给别人的人，也会有要求吧！"

我："那肯定呀，而且他的要求还很严格呢。比如要求你把房子抵押给他，或者把身份证交给他保管，还要写欠条，关键的关键，是它利息特别高！利息就是额外要付给他的那部分钱。如果是找银行借钱利息是国家规定的，在一个合理的区间，是有法律保护的，那么找小广告上的人借钱，利息可就是他说了算。举个例子：比如你借1000，三个月后，你可能要还3000，而且利滚利，说不定半年后要还10000！如果不还，放高利贷的人可能用各种极端手段逼迫你。所以很多人借了高利贷，还不上钱，倾家荡产，走上了绝路。"

哥哥："啊，那尽量不要借钱啊，有多少钱就花多

真实生活中，藏着最智慧的教育
方式。

少钱。"

我："也不是这样的，因为总有一些时候，有些公司或者个人不是过度消费，而是资金确实周转不开，需要一笔钱过渡一段时间。这个时候，一定要找靠谱的渠道借钱，比如银行。"

哥哥："那我以后要是周转不开，可以找你借钱吗？"

我："当然可以啊！你任何时候都可以找爸爸妈妈求助，千万不要因为担心我们批评你，就去找不对的人帮助，尤其要警惕看起来'慷慨'的帮助，后面的陷阱可能很大！

前几年很多大学生被消费主义误导，想买一些超过自己承受能力的物品，于是就找高利贷借钱。借钱条件很简单，给身份证，签保证书，就放款了。但是大学生还没有收入，哪还得起高利贷啊！于是那些放高利贷的人就去学校闹，把学生的信息公之于众，逼得不少大学生走向了极端，酿成大错，悔恨终身。

人一辈子只有一次机会，很多时候真的会一步错步步错。

以后你们遇到任何困难，都要第一时间找父母求助，我们当时也许会批评你，那是因为我们也是人，也会有情绪，更会担心你，但等我们情绪过去了，一定是世界上最愿意和你们一起共渡难关的人。而且一定要记住：任何时候，都要把生命放在第一位！"

第三轮：理财

妹妹又开口了："所以妈妈常说，天下没有免费的午餐对吗？"

我说："是啊，这世间的一切，都要靠自己的智慧、努力获得。"

妹妹："妈妈，如果我能计划好每一笔钱的用途，就不需要找别人借钱，也不会有后面那么多麻烦的事情啊！"

我："对，你说到点上了，这就是妈妈跟你们说的'理财'。比如你们的压岁钱，要计划好，今年我要用多少钱买玩具、多少钱买文具、多少钱买礼物，还要留一些灵活机动钱，以防意外情况发生。咱家也是一样，爸爸妈妈每个月的工资也要计划好怎么花，多少付房贷、多少付车贷、多少用作生活费、多少给你们买书、多少出去旅游、多少存下来以备不时之需。"

妹妹："妈妈你漏了一点，还要想办法多挣钱！比如过年我找小姨拜了两次年，小姨给我转了两次红包，我钱就多了！"

我乐了："那是你小姨，换作别人就不行了哦！还是那句话，世间的一切，都要靠自己的智慧、努力，合法合理获取。这就叫君子爱财，取之有道，用之有度！"

说着说着，我们就快走到家里了。兄妹俩回去以后就开始数自己钱包里的钱，并且跃跃欲试准备重新做理财计划！

其实说起来，这本来是一件很小很小的事情，但我没想到孩子们这么感兴趣。在此后的日子中，这场关于"小广告"的对话经常会被兄妹俩提及、延伸，而关于自制、自察、自尊的讨论，竟然也是从这里开始。

果然，真实生活中，藏着最智慧的教育方式。

最大最甜的西瓜

"10后"的孩子，注定是被网络信息轰炸的一代
如何让孩子辨别是非
保持独立思考
是比学科教育更重要的事情

网络时代养孩子真的不容易。每天都有铺天盖地的新闻，或让人震惊，或让人焦虑，或让人费解，或让人恐惧，只要打开手机，这些就会冲击你的眼睛和头脑。

每天都在见证历史，每天都在刷新世界观。中年人看到这些不免浮躁和焦虑，孩子们正像海绵一样，给什么就

吸收什么，如何帮孩子甄别信息，如何让孩子在纷繁复杂的信息浪潮中稳稳建立自己的三观？

通过聊天，我给了孩子三把独立思考的钥匙。

第一把钥匙：

带孩子坐公交车去海洋馆，车厢窗户旁边写着"低碳出行"，孩子们问我什么叫低碳出行，我就把我翻译的一本书中的内容讲给了孩子们听："人类活动会产生二氧化碳，以前大自然是能吸收的，但这些年人类生产生活排放的二氧化碳越来越多，大自然根本吸收不了，这些二氧化碳就像温室的玻璃房一样，把人们笼罩在里面，使得地球的温度越来越高。"

哥哥想了想说："难怪，我觉得今年夏天好热啊！"

妹妹接着问："那大家都乘坐公交车，就不会排放那么多碳了呀！"

真是好主意，但也是真复杂。

我尽量用浅显的语言给孩子们解释："公共交通价格便宜，还有专门的公交路线，当然很好。但因为是公共交通工具，所以站点多，人也多，有时候到了站还要走一段距离才能到目的地，也有不方便的地方。有些人赶时间，有些人不喜欢人多，经济也负担得起，就更喜欢用私家车出行。"

两个孩子一起问："那要是国家统一要求必须坐公交车呢？"

"首先国家不会这么要求，除非一些特殊情况，但正常情况下，用什么方式出行是每个人的自由选择，我们都要尊重。其次，国家要发展经济，也希望大家多多购买多多消费，让经济流通起来，汽车是很重要的产业呢。"

结果妹妹问了一个扎心的问题："那么最后会不会变成，有钱的可以买车享受，没钱的坐公交车同时还要承受天气变热？"

"也不对哦。生活在同一个地球上的人类是命运共同体，如果破坏了大自然的环境，最终每一个人都会被伤害。所以随着大家的环保意识越来越强，很多买得起汽车的人也选择骑车上下班；也有很多人选择多种树，帮助大自然吸收二氧化碳；甚至还有一群'捡跑族'，就是边跑步边捡垃圾，还蛮酷的，妈妈都想去试一试。"

哥哥说："但也还有很多人去很近的地方也要开车。"

"对，这就是个人选择，有些人出于各种各样的原因，会选择一种我们并不认同的生活方式。但是请你们记住：妈妈希望你们永远选择正确的方式做事情，不要被别人影响。"

任何时候，不要被任何一种观点
洗脑。看事实，自己产生观点，
不要被别人的观点牵着走。

第二把钥匙：

带孩子去超市，看到标语：最甜最大的西瓜。

孩子又开始了一连串的提问："妈妈，什么是最甜最大的？"

"就是没有别的瓜能比得过它。"

"那不对，我见过比这个更大的西瓜啊！"

"我相信你说的，我也见过。"

"那他为什么要用"最"这个字呢？"

"因为这是卖瓜人的主观感受，他在这些瓜上倾注了时间、精力甚至感情，他认为这就是最好的。就像妈妈认为你们是最好的孩子，你们认为妈妈是最好的妈妈一样，也是主观感受。

这个世界上的'最'有两种：一种客观事实，比如珠穆朗玛峰是世界上最高的山峰，长江是中国最长的河流，这都是有客观数据作为支撑的，反驳不了。还有一种是主观感受，比如最大最甜的西瓜。"

"那我们要怎么判断到底是哪种呢？"

"这就是妈妈让你们看很多书的意义啊，看得多，就不会被'忽悠'，就知道哪些是客观存在的，哪些是只是人的主观感受。"

第三把钥匙：

我习惯早上起来听一会儿新闻，有一天的新闻刚好是英国首相鲍里斯·约翰逊表示将要辞职，很多媒体都在点评，有的说英国民众早就受不了鲍里斯了，有的则说下一任不见得比鲍里斯做得更好。

孩子问我："为什么大家的观点相差这么大啊！"

我举了个例子："如果你想去上幼儿园，你会告诉我很多很多幼儿园的好；如果你不想去幼儿园，你会告诉我很多很多幼儿园的不好。那么幼儿园到底好不好呢？"

哥哥嘿嘿一笑，我知道他懂了。

但这还不够，我继续说："每个人的言论都是从自身所处的位置出发的，很少有人能站在一个全局的层面去客观分析。

你看，现在每天都有这么多的爆炸新闻，每个新闻下面又有无数条评论，在表达着不同的观点。可怕的是，如果你在哪条评论上停留的时间长，大数据就会判断这是你的兴趣点，从而不停给你推送跟这个观点相近的文章或者视频，让你不知不觉中认为自己的观点就是正确的，因为'这么多'的文章都在印证你的观点。

但实际上，这些都只是大数据时代的陷阱，一旦你掉进去了，就可能在偏激和极端的路上越走越远。

所以第一，我们不要看一个人怎么说，而是要看一个人怎么做，行为是他最好的观点。第二，不要相信那些观点非常绝对的文章，更不要相信那些没有任何科学依据的文章，要多看客观的新闻，分析客观的事实。"

这三件事情也很小，但正是这些小事，一点一点铸就了孩子们的价值观。

面对信息爆炸的世界，如何让孩子明辨是非、判断真伪，并且有强大的内心呢？

看事实，不看观点。

我们如今都太习惯去看别人怎么说了，经过稀释的事实，已经不是事实，被别人咀嚼过的观点，已经脱离了真实的样子。我告诉孩子们：任何时候，不要被任何一种观点洗脑。看事实，自己产生观点，不要被别人的观点牵着走。

看行动，不看语言。

成年人的世界没有简单二字，网络社会更加复杂，"唯人心和太阳不能直视"。所以判断一个人，不要看他说了什么，要看他做了什么。行为背后的出发点，才是这个人真实的观点。

允许有不同，但自己要做正确的事情。

就像孩子们跟我探讨"碳排放"一样，任何一件事情，都有无数种选择。允许有不同，允许有选择，这是尊重他人；但我坚持正确的事情，即便很难也要做，这是尊重自己。

减法育儿

超市是个大宝藏

总以为诗和远方

才能开阔眼界

总以为别处种种

才算生活

但养孩子

家附近一公里就够辨别是非

保持独立思考

是比学科教育更重要的事情

自从 2018 年去欧洲出差，在飞机上看完劳伦斯·科恩的《游戏力》后，深受影响，此后每次遇到难解的育儿问题，我都试着转换思路，用游戏的方式化解。

兄妹俩如今虽然不是"牛娃"，但肯定是乐观开朗爱笑的孩子，遇到问题首先想到的是如何解决，而不是发愁，这就已经很好了。

以前总想着要带孩子去诗和远方，体验不同的生活，才算是开眼界、提升格局。但后来我才真正明白：生活，才是最好的学校，家附近一公里，就有很多研学的机会。

特别是超市，简直是主题式学习的天选之地。

超市研学一：生活常识之寻找宝藏

有一次我跟哥哥聊天，我俩互相提问，他问我："妈妈，你说世界上最常见的动物是什么？"

我想都没想脱口而出："当然是猪啦！"

哥哥大笑："开什么玩笑啊妈妈，猪一点儿都不常见，我都没有见过活的猪！"

这一下把我问住了。是啊，我小时候在村里长大，家家户户都养猪，过年杀猪的时候简直不要太热闹。我一直以为猪是最常见的动物。可是对于哥哥妹妹这些从小在城市生活的孩子来说，小区里看不到，动物园里看不到，只能在书上看到，猪可不就成了稀缺动物嘛！

不仅如此，我看过一项调查，当问及孩子们：我们餐桌上的蔬菜水果都是哪里来的？孩子们异口同声回答：厨房！

跟日常生活严重脱节，是养育这代孩子最需要警惕的事情。

所以，我经常带着孩子们去逛超市和菜市场，不仅是感受烟火气，而是希望他们实实在在参与到日常生活中，知道柴米油盐酱醋茶的来龙去脉。

我们在超市研学的一个常见主题，就是寻找宝藏。出发前，我们把要找的物品列一个清单，孩子们到了超市，要一个一个找到。对孩子来说这其实并不容易，他们首先要知道这些物品是什么类别，才能知道大概放在什么区域。

比如挂面，孩子们必须知道，挂面属于"粮食"，才能找到相应的区域。而且我还会让孩子们了解为什么米、面属于粮食，粮食意味着什么。再比如牛奶是孩子们每天都接触的食物，为什么和酸奶、奶油、黄油、奶酪摆在一起？

通过这个项目，孩子们就会在脑中建立初步的认知：我们的日常生活很重要的一部分，就是由超市里这些粮食、蔬菜、水果、日用品等等组成的。

超市研学二：数学常识之学会计算

现在的日常生活中，已经鲜少见到纸币了，用微信或者支付宝"嘀"一声，就完成了交易。不像我们小时候，手上都是拿着一大堆花花绿绿的钞票去买东西，花出去多少非常直观。但是所有的财商教育肯定都是从基本的金钱流通行为开始的，没有了纸币这个承载商业活动的实体，财商教育也就成了空中楼阁。

我记得有一次，兄妹俩想要个什么东西，我说："呀，妈妈没带钱！"他俩异口同声："你掏出手机'嘀'一下不就行了！"他俩的这句话也感受到了孩子们对金钱缺少一点敬畏的心态。于是我把孩子们的零用钱改成了实实在在的纸币，每次需要什么东西，就让他们自己拿纸币去买。而且还会安排"Buy me in supermarket"的活动。

去超市前，先列下要买的东西：牛奶、牛肉、三文鱼、饼干、面包、草莓……

到了超市后，孩子们找到相应的货架，选取物品。

这时候孩子就会发现，即便都是牛奶，每一种的价格也是不同的，有的 3 元，有的 5 元，怎么选？这就要综合考虑自己手上的钱够不够买贵的了。

一般我会让孩子们先把所有的物品都选完，然后再计算总价，看看是花超了，还是有结余。如果花超了，就要把某种物品换成便宜一点的；如果有结余，那就可以奖励一罐巧克力或者留着下次用。不仅让孩子们对金钱有更直观更具体的概念，还教会他们计算物品价格，学会量入为出。

超市研学三：美术常识之素描写生

超市，还是很好的素描写生场所，商品琳琅满目、种类繁多。我会让孩子们随身带着小本本，看到有特点的，就画下来。我还会提醒孩子们注意每件商品的包装："同样都是牛奶，为什么你想买这个不买那个？"孩子会说："因为这个看起来比较好喝。"

好喝是味觉，看起来是视觉，怎么把味觉转换成视觉呢？这就是设计的魅力了！我会让孩子们试着给自己不喜欢的商品重新设计包装，让它看起来更美味一些。也会告诉孩子，有些商品看上去很美，但却未必是最佳选择。

其实美术不仅仅是画画，更重要的是培养孩子的审美，而审美是时时刻刻发生在我们的日常生活中的，只有让孩子沉浸于真实的生活，才能让他们对美时刻保持一种敏感。

超市研学四：卖场陈列之超市设计

自从开始了超市研学之后，我和孩子们都对超市这个主题产生了很大的兴趣。每次看到一个超市，孩子们就会

生活，才是最好的学校，家附近
一公里，就有很多研学的机会。

从外观设计、位置选择上开始讨论。看到设计整洁利落的超市，我们也会忍不住走进去观摩，里面藏着的学问可多了：

为什么粮油食品放在超市的最里面？

为什么肉、蛋、蔬菜、水果往往放在门口最显眼的位置？

为什么口香糖、矿泉水放在收银台处？

同时，孩子们还会注意到：有的超市指示牌非常清晰，想找什么马上就能找到；但有的超市就显得杂乱无章，完全没有逛的兴趣。

有时候，我们还会站着观察一会儿人流情况，判断一下这个超市还有哪些地方可以改进。

有一次我们在逛一个超市的时候，孩子们跟我说："妈妈，你看这个超市的年轻人特别多，你知道为什么吗？"

这还真把我问倒了："为什么呀？"

"妈妈你仔细看看，这里的很多食物都是已经加工好的，叔叔阿姨拿回去热一下就可以了，很方便，当然愿意来这里啊！"

我当时特别开心，他们已经从一些具体的现象中分析出了超市的宏观定位问题。

超市研学五：英文启蒙之"捉虫"

现在很多超市的指示牌都会用中文和英文双语标注。每次逛超市时，我都会跟孩子一起玩一个叫"捉虫"的游戏。主要任务就是：找到超市的英文标语中有错误、不地道的地方。有一次孩子们找到了一个大大的错误，超市的出口写成了"Export"，实际上应该是"Exit"！

其实，除了"捉虫"，我更想培养孩子一种时时刻刻观察生活的意识。只有细心观察，才有机会学到很多。毕竟，真实生活才是最好的学校。

我还经常带孩子们做一件事情：观察选购商品的人，判断为什么那么多种牛奶他选了这一种？为什么有的人步履匆忙有的人不紧不慢？我们也会通过观察人的衣着打扮，来判断这个人的职业，甚至观察人们的微表情去推断他此刻的心情……

这几年，我越来越发现家门口的超市是个大宝藏，可以带着孩子开展各种主题的研学活动。因为超市本就是我们经济社会的一个缩影，金钱的流动、物品的往来、人和物之间的关系，在这里展现得淋漓尽致。

所以，研学何必去国外，家门口的超市就有取之不尽的教育智慧呀！

不可调和的矛盾

怎么可能不吵架
怎么可能不打架
七年了
我才学会怎么调解矛盾

兄妹俩学习画画已经好多年了，每个周末雷打不动要去画室画画。

每次画完之后老师会发积分卡，等积攒到足够的分数，就可以换礼物了。那天，哥哥看到一个很想要的礼物，数了数自己手上的积分卡，还差10分，他把目光落在了妹妹手上那 4 张积分卡（一张积分卡 5 分）。哥哥软硬兼施，想从妹妹那里借 10 分，但是那天妹妹也来劲了，就是不借。

两个人就这样，越吵越大声，整个画室的大人孩子一边看他俩，一边四处张望，想看看这是谁家的熊孩子。我原本想让他俩自己解决的，但这种情况也必须出马了。

我那天也没收拾，蓬头垢面的，把帽子一戴走了过去，瞬间成为全场焦点，大家都想看我怎么收场。

兄妹俩一看我来了，都抢着诉说自己的委屈。我一直在旁边看着，当然知道怎么回事，但我做的第一件事情，仍然是要求两个人把事情始末跟我说一遍。

哥哥说："妈妈，我特别喜欢这个蝎子模型，但我的积分不够，还差 10 分，妹妹没有想要的礼物，但她不借给我。"

妹妹说："妈妈，这是我的积分卡，我就是不想借给他。"

家有俩娃，矛盾冲突要么是资源分配不均衡，要么是意见不统一。这个时候，首先要稳定他们的情绪。

我跟哥哥说："这个蝎子模型很特别，难怪哥哥喜欢，换成我也想要。"

哥哥一听更加委屈了："妈妈，我就是想要。"

我也面露难色："妹妹也是自己踏踏实实画画才收到老

师奖励的积分卡，这是她的东西，她当然可以选择不借。"

妹妹马上跟上："就是啊，我好不容易挣来的，我也想留着下次换礼物。"

我这刚共情完，两个人都觉得更委屈了，又开始吵吵。旁边的家长已经开始指指点点了：这也没解决啊！可能大家期待的是速战速决，要么暴力制止哥哥，要么喝令妹妹借积分。但这个时候，我肯定不能急啊，这才第一步，而且也是必要的一步，让孩子们把自己的委屈说出来，情绪先释放了，才有解决方案。

等周围安静一些了，我才说话："你们的要求都很合理，但如果一直吵吵，就没办法解决了呀对不对？那妈妈有两个建议，你们要不要听听。"

兄妹俩点点头。

我继续说："哥哥，你想跟妹妹借，但是妹妹不同意，那你得想办法啊，比如这次妹妹救急，借给你 10 分，你下次可以还 15 分，作为对妹妹帮助你的感谢，你觉得呢？"

哥哥要礼物心切，马上就同意了："妹妹，我下次给你 15 分可以吗？"

没想到妹妹直接给撅回去了："给我 30 分我才借！"

好，事情超出我预料了。

哥哥眼里只有模型，马上说："好。"

我马上提醒："哥哥，你还记得我们在小黄车上看到的广告吗？如果借 10 块钱，但是要还 30 块钱，这种行为是什么？"

哥哥想了想说："高利贷。"

我继续引导他："对，妈妈跟你分析过，做任何超出自己承受能力的事情，都要慎重，否则事情可能会往坏方向走，对不对？那么你现在就面临两个选择了，要么控制住自己现在就想要礼物的想法，等下周你攒够积分了，就可以换了；要么你再跟妹妹商量商量，看看妹妹的要求你能不能满足。"

然后我转过头对妹妹说："妹妹，于理呢，这是你的积分，你可以选择借或不借，也可以提借的条件；但是于情呢，妈妈觉得对哥哥可以打个折，30 分确实有点太多了。不过，你无论怎么选择，我都没意见。"

妹妹一仰头："20 分，不能再少了。"

围观群众都觉得这事儿可以解决了，哥哥 30 分都愿意，20 分肯定不在话下啊！但是哥哥站在原地迟迟未动，突然他跑过去找老师，叽叽咕咕说了一番，回来以后跟我说："妈妈，走吧，咱们回家。"

这下我就好奇了："你刚去做什么了，能跟妈妈分享一下吗？"

永远不要觉得孩子在小题大做，
有些事情他是真的难过，也是真
的在意。

哥哥挠挠头："我觉得 20 分还是有点多，就去找老师问了下，这个蝎子模型能不能帮我保留到下周？老师说不确定。

我就跟老师说：'那你能不能告诉我这个蝎子模型是什么牌子，在哪儿买的，要是下周被别的小朋友换走了，那我就用自己的零花钱买一个。'老师说没问题。"

这时候围观的爸爸妈妈都不作声了，交头接耳地说："这个妈妈教育得挺好，孩子懂事。"但听了这句话，我心里是汗颜的：这不是我教育的，这是孩子自己思考出来的解决方案。

其实听哥哥这么说，我心里还是抱了一点点希望：妹妹会不会稍微有点触动，然后借给哥哥积分卡呢？

但并没有，妹妹依然坚持借就得还 20 分。我虽然不知道为什么那天妹妹那么轴，但我很理解她，谁还没有个小脾气小倔强呢。有时也未必有什么特别的原因，一旦较劲了，十头牛都拉不回来。

其实这只是二孩家庭最寻常的一幕，尤其是哥哥妹妹这两个性格迥异的孩子，每天都会有矛盾。特别是在人多的场合，一旦闹了矛盾，周围围观的人会让他俩更加针锋相对，矛盾重重升级。

有时候我们可以把孩子带到没人的地方，耐心劝导。

但也有一些时候，无处可逃，就得现场解决。

很多时候，孩子的哭闹会让我们失去理智，或者说"降智"，陷入跟孩子的情绪缠斗当中，特别是当有人围观的时候，更容易有"我家孩子怎么这样"的羞耻感，但谁家孩子不闹呢？

家长之所以是家长，就是因为我们比孩子有更强的情绪管理能力。孩子哭闹，我们不能跟着动怒啊（完全不动怒也不可能，尽量控制吧）。尤其是在众目睽睽之下，不需要首先自我批判一番，认为自己养出了"熊孩子"而感到不好意思。

我这几年，已经练就了"厚脸皮"，孩子哭闹，有人围观，我也能气定神闲走过去，认领自家孩子，然后解决问题。

阿德勒说过：人际关系是一切烦恼的根源。哪怕手足之间，也有各种摩擦。

比如一块橡皮。对于大人来说，一块橡皮根本就不是个事儿，但在小朋友看来，这就是天大的事情。我们永远不要觉得孩子在小题大做，有些事情他是真的难过，也是真的在意。而且有很多时候，这些小事并没有好的解决方案，我们做父母的，只需要收起大人的傲慢，把"这点小事至于吗"这种话咽回去，陪他们一起难过一会儿。

有一段时间，两个孩子吵得很频繁，那也是我工作最忙的时候，爷爷奶奶每晚跟我交接"带娃"时都会讲："他俩又吵了。"

有一天我下班早，一进门就听见爷爷奶奶在数落哥哥："你怎么能这样？太过分了！再这样我就不做饭给你吃了！"

我让爷爷奶奶进房间休息。哥哥跑过来抱着我哭。

等他哭够了，我问他："发生什么事情了？"

哥哥抽抽搭搭地说了一些事情，妹妹也在旁边讲她的立场。能听出来，他俩都有问题，也都有委屈。

当时我也是内疚的："这段时间妈妈忙，没有跟你们好好聊聊，但能感觉出来，你们好像对彼此都有很大的意见。今天妈妈有时间，我来听听。这样，你们各自说说对方三个你最不能接受的问题。"

哥哥说了三个，妹妹也说了三个。其实说完之后，我还没点评，他俩就哭了。

这些问题在很多家长那里会觉得小题大做，或者粗暴批评那个表面上看起来做得不对的孩子。时间长了，孩子们要么不再跟大人交心，要么就会用更极端的方式来表达不满。

但如果我们深挖，会发现问题并非表面看起来那么简单。作为父母，首先不要急于匆忙下结论，至少让孩子们充分表达自己的观点和情绪。很多时候，孩子们讲着讲着，解决方案也就出来了！

那天之后，我减少了工作，坚持自己带孩子。每一家情况不同，无论是选择职场或家庭，还是选择二者兼顾，都已经是我们能做出的最好的选择了。对于我来说，我爱工作，也爱孩子，尤其是家里这两个孩子同龄但性格又迥异，我必须认真审视我的角色。

我做饭不好，家务也不会，不是传统意义上的"好妈妈"。但我最大的优势，就是能把自己的角色细分：什么时候需要当孩子的朋友，什么时候需要当孩子的心理医生，什么时候需要当妈妈，什么时候需要当老师。

带娃七年，我发现，这才是我对如何"做妈妈"最自洽的解释。孩子的成长倏忽而过，我就用我的方式陪伴他们吧！

外面的伤，是可以治好的，但里面的伤，不知道怎么治好。

外面的伤能好，里面的伤好不了

这么多年
我还是不会告别
但我希望我的孩子
能从容面对离别

小时候我是姥姥姥爷带大的：姥姥牵着我走过麦浪，姥爷骑车送我上学，那些摇摇晃晃的岁月，就像摇篮一样，承载了我的童年。几年前，姥爷离世，那段时间我总是会走神，仿佛突然丢失了童年，也丢失了自己。直到现在我还经常做梦，梦见自己站在一个十字路口，车水马龙川流不息，而我慌里慌张不知应该往哪个方向走。

我没有学会告别，我在内心拒绝告别。

两个孩子五岁以后，开始对"死亡""失去""分开"这样的话题格外感兴趣。但我很紧张，因为我自己并没有学会怎么去面对这些话题。我记得有一天晚上，哥哥突然大哭，怎么哄都哄不好，边哭边说："妈妈，你不要老，更不要死，不要去天堂……"

哥哥一哭妹妹也跟着哭，估计是白天看到什么场景触动了他俩，我抱着各种安慰，好不容哄好了。可自那以后两人总会时不时跟我再三确认："妈妈你不会老吧？不会死吧？"

四五岁的孩子其实已经隐约懂得生命的概念了。很多时候孩子被你哄好了，并不是他真信了你的话，而是情绪没有得到疏导，又压回去了。我们对待死亡模糊的态度，不仅无法给到孩子正确的认知，甚至可能助长他对死亡（鬼魂）的恐惧感。其实孩子需要上一堂关于生命、关于死亡的课程，他们需要知道生命的来龙去脉，以及怎样面对死亡。

我想找一些关于生命跟死亡的绘本，但这类书非常少。在查阅资料的过程中，我发现，受传统文化影响，我们目前的生命教育几乎是空白（仅限于一些学校下发的生命教育课本）。

然而我们经常会看到一些新闻：有的孩子虐待小动物、有的孩子欺凌同学、有的孩子敌视父母、有的孩子不顾安全离家出走、有的孩子自杀……产生这些问题很重要的原因就是缺乏生命教育。如果长时间得不到正确引导，孩子面对死亡的态度可能一直是"恐惧"或"逃避"，甚至形成自欺欺人、玩世不恭的心态，还会漠视生命。

为人父母，我们要时刻准备迎接孩子对世界的疑问、对人生的困惑，带领孩子往一个美好的、充满能量的、光明的人生方向前行。

生命教育是其中重要的一课：

小宠物去世了；

心爱的玩具丢了；

奶奶脸上好多皱纹；

爸爸妈妈分开了；

妈妈生病离开了；

……

这些都是孩子成长过程中，可能遇到、听到或想到的事，很多大人也不一定知道怎么跟孩子讲这些问题。

每一个看似沉重严肃的话题，其实都可以用温暖的故事娓娓道来，让孩子正确认识：失去、分离、疾病、残疾、衰老、死亡，学会处理情绪，学会转换思维和角度看问题，对生命和爱多一分理解和敬重。

后来，我终于找到了几个非常好的故事，给孩子讲完之后，孩子大哭了一场，仿佛之前压抑的情绪一下子得到了释放。神奇的是：从那天开始，兄妹俩好像突然变得内心强大了起来。也许是直面过失去，才会更懂得珍惜。对于我来说，也终于开始学着放下心结，接受姥姥姥爷的离去。

第一个故事：《The Fix-It Man》（《修理工》）

爸爸是个无所不能的修理工，任何东西坏了，他都能第一时间修好。但唯独，妈妈的病他修不好。记忆中最美好的时光，就是我和爸爸在打闹，妈妈在一旁看着我们。但后来妈妈的病情越来越重，医生没办法，我和爸爸也没办法。

妈妈走了以后，整个世界都灰暗了。我和爸爸的心裂了一个口子，怎么缝也缝不好，爸爸脸上总是阴沉沉的，就连泰迪熊的心上也破了一个洞。爸爸打起精神找来了针线，缝好了泰迪熊。

泰迪熊好了以后，我和爸爸也开始学着缝合彼此的伤口。只要爱还在，它就是最好的缝合剂。

第二个故事:《The Memory Box》(《记忆盒子》)

如果说第一个故事是让孩子知道"离开"是一件会发生的事情,那么记忆盒子就是在帮助孩子学习如何处理"离开"之后的事情。

有一年"十一"期间北京雨水非常多,一层秋雨后多了一层落叶。我带着兄妹俩走在街上,兄妹俩默默地把树叶推回到树根,说要让树叶回到树妈妈身边。在孩子们心中,这也是一种关于死亡的仪式吧。

大家有没有想过,为什么孩子会那么担心"离开"这件事情?

美国有个非常受孩子喜爱的电视节目主持人弗雷德·罗杰斯是这么说的:当孩子们遭遇(或担心)悲剧时,他们想了解的首要问题是——这对我有什么影响?

孩子会说"妈妈我不想你死",因为他已经认识到死,代表着消失、永远不见。他有对妈妈的不舍,有对死亡的惧怕,他还有一个重要的潜在问题,就是"你死了我怎么办"。

一些科普书籍会向孩子非常严肃地解释"死亡",但没有考虑孩子的情感接受度,也没有解决孩子内心的担忧。

《The Memory Box》这个故事是这样的：

我曾经丢过一个气球，我想紧紧抓住它，可是风太大了，我看着气球飞上树梢飞到天上，消失不见，我很难过。可是，失去你，比失去气球难过得多得多，因为气球可以再有，但你走了，就再也没有你了，我想你。

有时候我好像开心一点了，有时候还是很悲伤，无法自拔，挥之不去。我怕我忘记你，于是制作了一个记忆盒子，那些跟你有关的记忆，我都保存下来了。我一个人想念还不够，还邀请了大家说出跟你有关的记忆，甜蜜的、傻乎乎的……

然后，带着记忆去创造更好的记忆。我带着这个盒子，去做我们想做还没来得及做的事情，我不会忘记你，你永远在我心里。

当孩子正确认识死亡，也知道在"失去"的阶段如何前行，他就从"恐惧死亡（分离）"的心理，走向了"珍惜生命（拥有）"的心理。他就会更注意自身的安全，关心身边的人，善待小动物，绝不会轻易伤害或放弃生命。

第三个故事：《The Lines On Nana's Face》
（《奶奶脸上的皱纹》）

女儿曾问过我一个问题：妈妈，你老了会变成奶奶吗？脸上会有很多皱纹？

我想这个故事给出了最好的答案。

孙女问奶奶：脸上的皱纹会让您觉得困扰吗？

奶奶笑着说当然不会啦，因为每一条皱纹都藏着一个难忘的故事。

鱼尾纹里藏着人生中最棒的一次海边野餐；

抬头纹里藏着在游乐园和爷爷的第一次约会；

还有一条皱纹，是第一次见到她的小孙女。

……

奶奶一边回忆一边微笑着把皱纹变成故事讲给孙女听。

如果每个孩子从小听到过这么睿智的语言，真的会受益终身。逐渐老去也是生命的一部分，容貌焦虑在智慧和阅历面前，不再是困扰。

第四个故事：《Grandma Forgets》（《奶奶总忘事儿》）

自从甲状腺功能退化之后，我的记忆力也不如从前，我也会担心阿尔茨海默病这件事情，所以每次看到这样的绘本，就会忍不住讲给孩子，其实是讲给自己听。

一般的绘本会走煽情路线，但是这个故事却非常真实，切入的角度是"感恩"。

奶奶总是忘事儿，甚至连我是谁都不记得了。最辛苦的是爸爸，因为爸爸一个人要负责两个人的记忆（爸爸的和奶奶的）。但是没关系，我可以帮爸爸分担记忆：

奶奶周末会给大家做香肠，简直像大象的腿一样大；

奶奶的花园里有苹果树，奶奶会给我们做苹果派；

大暴雨天电闪雷鸣的时候，奶奶紧紧抱着我们；

奶奶还很时髦，会开着蓝色的车带着自己的闺蜜一起去玩宾果游戏。

……

阿尔茨海默病是一个非常有悲剧色彩的疾病，但孩子们却用自己的天真疗愈着一家人。欣慰的是，孩子记住了奶奶的付出和对全家人的爱，用感恩的心态对待奶奶，令人动容。

第五个故事：《I Have Two Homes》（《我有两个家》）

我们看到的绘本故事里，家庭大多是永远幸福的，爸爸妈妈永远在一起。但实际上还有大量的单亲家庭，这时候如何告诉孩子这也是正常的？

尼娜的爸爸妈妈曾经也很幸福，但慢慢地，爸爸妈妈开始吵架，尼娜会在爸爸妈妈吵架的时候钻到桌子底下保护自己。后来爸爸妈妈分开了，妈妈会和姥姥长时间聊天，尼娜用了各种办法也没能吸引到妈妈注意；而爸爸跟他玩游戏的时候，完全不在状态，满脸悲伤。

后来尼娜有了两个家，有时和爸爸住，有时和妈妈住。刚开始，每个人都怪怪的。但随着时间的推移，情况一天天变得更好。尼娜开始过两次生日，想爸爸妈妈的时候也会当着另一个人的面打电话，而当她第一次跳进深水泳池时，爸爸和妈妈也都在……

希望孩子们知道这个世界上有多种多样的家庭，而不管发生什么，他依然被爱。

第六个故事：《Iver & Ellsworth》（《艾弗与埃尔斯沃思》）

埃尔斯沃思是一只屋顶上的大白熊（装饰），艾弗在这栋楼里上班，每天中午他都会爬到楼顶，和大白熊一起吃午餐、看远方，然后把大白熊整理得干干净净，春夏秋冬年复一年。直到有一天艾弗要退休了，他最后一次整理好大白熊，难过地说了再见。

之后他们各自生活。可是有一天，固定大白熊的绳子断了，它飘了起来。大白熊经历了很多冒险，直到有一天艾弗正在家里一个人喝茶看书，突然听到屋顶有声音，吊灯都摇晃了起来。他出门一看，原来，老朋友来找他了！

人生处处有惊喜，只要彼此还惦记对方。

第七个故事：《The Around The World Adventures Of Caramel The Bear》（《小熊焦糖的环球之旅》）

一只名叫焦糖的玩具泰迪熊被小主人不小心弄丢了，随后不断被人照顾又不断被落下，经历诸多冒险。小熊也在这个过程中去到不同的地方，从法国南部出发，到日本，到非洲，最后终于幸运地陪伴一个可爱的小姑娘长大，并且回到了法国，被它幼时的小主人认出来了。

这个故事和第六个故事一样，都是非常治愈孩子们内心的故事。丢失的小熊过了几十年、经历了不同的主人，竟然又跟最初的主人见面了！

孩子们总会不小心弄丢自己心爱的玩具，可有时候就是这么奇妙，丢失的玩具会换一种方式回到我们身边。

第八个故事：《Inseparable》（《形影不离》）

这个故事讲述了形影不离的一双鞋子，它们陪伴小女孩唱歌跳舞、生活学习，突然有一天，其中一只坏了，于是一双都被扔进了垃圾回收站。

而故事也开始发生转折，尚好的这只鞋子以为自己没有什么价值了，但是有一天它被清洗干净，装进了礼盒里，送给了一个小女孩。原来这个小女孩在战争中失去了一条腿，她只需要一只鞋子陪她跳舞。

残疾，在大多数人心中，比死亡更难接受，因为那意味着接下来要面对完全不一样的人生。但生命是如此顽强，即使残缺，也不会改变它本身的意义，而将是一个新的存在，新的开始……

第九个故事：《Snow Queen》（《白雪皇后》）

有一天和孩子们读完一套童话故事，我问了孩子们一个问题：在所有童话故事中，你们觉得哪一个最悲伤？

没想到孩子们眼中最悲伤的童话故事，不是《野天鹅》，不是《海的女儿》，甚至不是《卖火柴的小女孩》，他们说：最悲伤的，是《白雪皇后》。说起来，《白雪皇后》的故事情节非常简单又俗套。

善良的加伊被魔鬼制造的邪恶镜子碎片击中后，突然变得冷漠无比，在他眼中，一切的美都变得丑陋不堪，甚至恶言恶语伤害了青梅竹马的格尔达。一次偶然的机会，加伊遇到了白雪皇后，被带回了拉普兰极寒之地，加伊的心也被冻成了冰。

为了寻找好朋友，格尔达开始踏上漫漫长路，这一路历尽艰险，先是被一个不算坏的巫婆施了魔法忘记了加伊，后来又遇到了强盗……格尔达遭受的磨难越多，也越强大，到达白雪皇后的宫殿后甚至战胜了白雪哨兵。

但格尔达所有的坚强和勇敢都被加伊一个冷漠的眼神瞬间击碎，她忍不住大哭起来。奇迹出现了：格尔达的热泪融化了加伊眼里和心中的魔镜碎片，两人重归于好。

虽然结局也算圆满，但很明显，两个孩子不买账。

"加伊真的变回善良的他了吗？"

"他以后还会变坏吗？"

"魔镜的碎片还把谁变坏了？"

"如果格尔达真的忘记了加伊，该怎么办？"

看来就连孩子也知道，很多事情一旦变坏，很难向好；任何一个环节出现失误，都有可能导致事情朝着另外一个方向发展。

我问他们："为什么觉得这个故事最悲伤？"

孩子们的回答让我极为震撼："我不想变成一个冷漠的人！如果格尔达忘记了我，我就不是原来的我了！外面的伤，是可以治好的，但里面的伤，不知道怎么治好。"

如果不是亲耳听到，我很难相信这是两个六岁小朋友说出的话，我20岁才明白的"哀莫大于心死"，他们竟然在童话故事里感同身受。那晚，还没从悲伤中缓过来的兄妹俩要求睡在一起，握着彼此的手进入了梦乡。孩子们睡了，我却失眠了，脑子里一直想着孩子们说的"里面的伤，不知道怎么治好"。

我们习惯了成年人世界里的各种尔虞我诈，也明白不要去考验复杂的人性，根本想不到孩子眼中最悲伤的童话故事不是苦难，而是冷漠。

这些年网络环境肉眼可见地变差，那些躲在网线背后冷漠的不负责任的发言，就像一把把上了膛的枪，有时候可能把人打成筛子……

一想到孩子们以后也会要面对这些，我就很难过。如果说一代人有一代人需要承受的苦难，我想我们的下一代要承受的也许就是刺入加伊眼中的魔镜碎片。

但也是那一天，我真希望自己有超能力，让孩子在心底永远能留一个位置，给童话、魔法和英雄。

生活总会在有些时候，让我们无能为力：也许是亲人的离去，也许是朋友的离开，也许是无人陪伴的孤单和寂寞，也许是自我否定的挫败和颓丧。

身为父母，我们总要教给孩子直面悲伤、继续前行的力量。而最好的方式，就是首先给自己赋能，告诉自己：Everything will be all right（一切都会好的）。

趁着没人，大声说爱你

每次到了没人的地方
就大声说爱你
孩子的爱
坦荡得让人好生欢喜

2022 年的夏天，我们带着孩子们沿着海岸线，自驾了 2000 公里，旅途中我们拍下了一张照片：夜幕降临，巴士缓缓驶来，犹如电影《龙猫》中的场景。我一度把这张照片换成自己的微信头像，之所以感触良多，是因为拍这张照片前，有一个小插曲。

那天我们趁着夕阳还在，一家四口出来散步，散步的草坪离沙滩有点距离，几乎看不到人。就在这个时候，一阵海风吹来，那辆巴士也仿佛自天尽头出现，黄色的车灯刺破黄昏，与日光、月光交织在一起，这种静谧的美让大家都安静了下来。

突然，哥哥大喊一声："妈妈，我爱你！！！"

妹妹被哥哥感染，也开始放飞自我，用力尖叫："爸爸妈妈，我爱你们！！！"

我跟爸爸一边震惊一边感动，心想这俩娃怎么了啊！可后来我俩也被孩子们感染了，看着四下无人，也对着大海喊：

"宝贝，妈妈爱你！"

"宝贝，爸爸爱你！"

现在想来真是有点疯，但当时实在忍不住，喊出来真的好解压！一家人喊到嗓子痛，笑到模糊，直到巴士驶近，这奇妙的一刻才过去了。

之后的旅程里，两小只一直在聊这个特别的傍晚，仔细回忆当时的场景，每个人脸上的表情，等等。放飞自我后的他们像是打开了自己，下雨的时候会一边踩水一边大声唱歌，还跟我说："妈妈，你也唱呗，这种时候你大声唱、唱跑调也没关系！"

那次自驾我们开的是电车，每走 300 多公里就要找充电桩充电。有一天眼瞅着天黑了，爸爸想着直接开到酒店算了，但偏偏那天掉电厉害，必须停下来充电了。

最近的充电站在野外，四下无人，我们看着夕阳慢慢落下，天空从橘红变成深蓝，再到全黑。耳边传来若有似无的狗叫声，树上的蝉在卖力地唱歌，一阵冷风吹来，除了路灯微弱的光，什么也看不到。

我都有点发怵了。爸爸这时候突然提议：我们找找昆虫吧。兄妹俩一下子来了兴致，拿着手电筒开始在草丛中、路灯下找昆虫。还真找到了一些：螳螂、蟋蟀、蛐蛐、球鼠妇等，把喜欢昆虫的哥哥高兴坏了！就这样，不知不觉中车子充满了电，我们重新上路。

路上我赶紧找了一些昆虫的科普节目，放给孩子们听。孩子们边听边观察手里的昆虫，不时跟我讨论，很快就到目的地了。

直到现在，孩子们还总能回忆起那天晚上一起找昆虫的情景。

是啊，在北京，我们好像总是抽不出时间陪孩子们一起做这些"无聊的事情"，反倒是在那样的场景下，我们才能心安理得"浪费时间"，也让孩子们有了一些"小确幸"。

去天尽头的时候，一向不喜欢在景点消费的爸爸，突

我怕的是他们对世界不再有期
待,不再好奇,不再愿意探索,那,
才是真的可怕。

然兴致大发，买了一桶小鱼，带着兄妹俩去喂海鸥。那些海鸥好聪明，能以迅雷不及掩耳之势顺走孩子们手上的小鱼。当然了，兄妹俩也成功接到了海鸥们喷洒的"白色雨露"……那天风大浪大，海鸥满天飞，兄妹俩一直高兴得尖叫。之后妹妹兴奋了好几天，一回到酒店就兴致勃勃要画海鸥，晚上睡觉还在咯咯咯地笑，不知道是不是梦见了海鸥。

这些都是小事，但我却非常珍惜。可能是因为孩子们所表现出来的强烈的好奇心和探索欲，和无拘无束想要放飞自我的心情，感染了我。

人到中年，一切似乎都波澜不惊，我们不再轻易被打动，不再肆无忌惮，也不再轻易表露情绪，生活也跟着平静了下来，没有什么能唤起我们对世界的向往。但是孩子们不一样，他们旺盛的生命力是如此宝贵，能不顾及旁人眼光大声呼喊，看到昆虫、海鸥、螃蟹都能高兴得跳起来！

我跟爸爸说："我不怕孩子们将来成绩不好，我怕的是他们对世界不再有期待，不再好奇，不再愿意探索，那，才是真的可怕。"

而这些旅途中的小确幸、微瞬间，不仅让漫漫长路不再枯燥，更让我坚定了自己的育儿方向：那就是让孩子们永远好奇，永远探索，永远保持这一份难得的生命力。

04

给成长做加法

父母做减法，
孩子才能给自己的成长做加法，
父母放松以后，
才能看到孩子们野蛮生长的力量。

无论你们将来成为齐天大圣，还是普通的小猴子，请带好妈妈教给你们的十八般武艺，一路降妖除魔，永远"不知天高地厚"。

不按常理出牌的孩子

不按常理出牌的孩子
通常是心理强大的孩子
背后都有家长用心的呵护

兄妹俩上小学之后，经常发生一些有趣的"意外"。哥哥曾考过一道语文题，要求从"桌子、椅子、裤子"中选择一项跟其他不同类的事物。大部分人都会选择"裤子"吧？但是哥哥选择的是"桌子"。

他骄傲地解释："我知道正确答案啦，但是我觉得还有另一种可能，就是桌子。因为椅子和裤子都是跟屁股接触的，但桌子不跟屁股接触啊！所以我选桌子。"

我说："那么这样的话，就不是满分啦！"

哥哥说："我整篇试卷就错了这一个，而且我知道标准答案是什么，但我当时就想试试啊，说不定老师以后会改答案呢！"

我一方面惊讶于他积极阳光的心态，一方面庆幸自己一直坚持告诉孩子：每一个问题都有三种以上的解决方案。

这个观念我从孩子小时候就一直在培养。

孩子很小的时候，有天晚上停电了，家里顿时一片漆黑，孩子有点害怕，开始哭脸。我抱着孩子来到窗前，说："宝贝，我们找找看，能找到三种光源哦！"

孩子停止哭泣，开始寻找：

"妈妈，月亮上有光！"

"妈妈，路灯也亮着！"

"妈妈，你眼里也有光哦！"

每次出远门，我也会让孩子比较三种交通工具，并说出利弊。

飞机：不能走动，会不舒服。

自驾：时间太长，会晕车。

高铁：能走动，而且快！

即便是市区里出行，也让孩子比较三种交通工具哪种更合适。

公交：停的站数太多，今天我们赶时间哦。

打车：太贵，而且不环保。

地铁：坐得舒服，而且时间有保证。

慢慢地，孩子的思路就打开了，当孩子知道，这个世界上没有什么事情是一成不变的，很多事情也不是只有一种答案，他心里就不怕了，因为方法总比困难多啊！不怕，就强大了。

心理强大的孩子，还有另一个特质：不怕比较。孩子不怕比较，首先来源于家长的"不比较"心理：这个世界上根本就没有别人家的孩子！

我当然也有忍不住比较的时候，不过我要求自己，每"比较"出孩子的一个缺点，就要想出他身上的一个优点，并且大声告诉孩子。

比如：×××钢琴弹得很好，但是我家妹妹画画超好！

×××足球踢得很好，但是我家哥哥轮滑很棒！

×××学习很好，但是我家孩子学习积极性非常高！

久而久之，我也变了，我是真的发自内心地欣赏孩子们，而在我的影响下，孩子们也学会了欣赏自己。

每天睡觉前，我都会让孩子们回顾一下今天做得最好的一件事情和不太好的一件事情。目的就是帮助孩子充分肯定自己的优点，同时客观看待自己的缺点。

自己和自己比，才是教育向内看的真谛。

我曾在孩子三岁生日的时候写下这样一段话：无论你们将来成为齐天大圣，还是普通的小猴子，请带好妈妈教给你们的十八般武艺，一路降妖除魔，永远"不知天高地厚"。

其实哪有十八般武艺？我给孩子们的，就是一颗强大的内心啊！

如果孩子内心不惧、能看清规则、时刻向内看，我们还有什么担心的呢？

一只小昆虫，让哥哥野蛮生长

哥哥说
昆虫是世界上最厉害的生物
因为没有一个人能驯服昆虫
儿子啊
你又何尝不是呢

周末最常带兄妹俩去的地方就是动物园，而每次看完各种动物，哥哥总会反复重复一句话："妈妈，你看，动物园里什么动物都有，就是没有昆虫！你知道为什么吗？因为昆虫是大自然的精灵，人类根本无法驯服昆虫！"边说边把手上的昆虫模型举给我看："妈妈你不觉得，昆虫是世界上最可爱的生物吗？"

看着对昆虫如此痴迷的儿子，我在心里默默盘算：整整四年了，哥哥对昆虫的痴迷，与日俱增……而原来大字不识一箩筐的哥哥，也因为昆虫开启了阅读的大门。

2019 年的秋天，我们跟往常一样翻开了新到的杂志，结果哥哥翻开第一页就停住不动了，一直看了十多分钟，然后用萌萌的小奶音问我："妈妈，寄个，是什么虫子？"

从此，一发不可收。

当身边的小朋友周末忙着上培训班的时候，哥哥非要让我们带他进山找昆虫，每次抓到昆虫都会开心地跳起来。

无论哪里，只要有昆虫，哥哥就好满足。实在没有昆虫抓的时候，就找知了壳，现在家里还摆了满满一瓶知了壳——这是他的战利品。

我对昆虫本来没有任何研究，但现在也能说出个一二，就是因为被哥哥反向"耳濡目染"了。这几年，我对哥哥这个特殊的爱好也是从不理解到支持，因为他在这件事情上表现出的强大学习能力实在让我惊讶。

比如：就因为想看昆虫的书，所以努力认识跟昆虫相关的字。

哥哥的认字能力不如妹妹，最开始哥哥看书主要是看图，对文字没有什么兴趣。我用过很多办法，都没能让哥哥提起认字的兴趣。但只要是跟昆虫相关的书，他都看得十分认真仔细，甚至被他翻烂了。直到有一天，我惊讶地发现哥哥居然认识大多数跟昆虫相关的字。

我也曾经按照网上的故事听单给孩子听故事，哥哥很多时候都坐不住，我也在心里默默有过抱怨：怎么就不能静下来听故事呢？直到有一天，哥哥一动不动认真听了整整两天《神奇图书馆·动物真奇妙》里的故事，还时不时傻笑，我才意识到：我又越俎代庖了，孩子喜欢昆虫，为什么我不给他放昆虫的故事呢？

从那以后，我下载了很多昆虫的故事音频，哥哥走到哪里都带着播放器，不管多嘈杂的环境，他都能沉浸在故事中的昆虫世界，外面的熙熙攘攘都与他无关。

再比如，因为想了解更多昆虫的相关知识，他开始看英文书。

哥哥快两岁说话才比较利索，语言能力其实是滞后的。这几年，为了把哥哥的英文水平拉齐到跟妹妹一样，我花了很多心思。不过在孩子成长这一路上，家长的很多努力都只是外因，孩子自己愿不愿意把瓶盖打开，让知识流动进来才是关键。哥哥很幸运，找到了那把"瓶起子"：昆虫还有海洋动物。

我还挺羡慕这个小孩的，他有自己的热爱，有自己的专注，他享受那个独属于他自己的世界，没有人打扰。

有了这把起子，哥哥主动看了很多英文书，甚至连很难看懂的英文书都不放弃，哥哥发自内心地愿意去啃。每一个昆虫，每一个昆虫模型，每一期关于昆虫的杂志，都能成为他整整一周的快乐源泉。

除了阅读，昆虫这个爱好也帮哥哥打开了艺术的大门。

哥哥以前画画纯属随手涂鸦，但是现在，只要是跟昆虫相关的画，他都表现了极大的耐心和热情，上色都是一笔一笔上，昆虫的触须到底有几根，他比任何人都在乎。

有一次哥哥把自己这段时间画的画都拿出来，一一展示给我看，真是把我惊到了，我问他什么时候画了这么多，他说："每天晚上你不是给我们一个小时做自己喜欢的事情吗，我喜欢的就是昆虫啊，看看昆虫的书，画画昆虫的画。"

这个孩子正在我不知道的时候，和不知道的地方野蛮生长：

一提到昆虫，他的分享欲就爆棚；

一看到昆虫，他就不顾一切冲过去；

一听到昆虫的故事，他就竖起耳朵自动屏蔽杂音。

说真的，我还挺羡慕这个小孩的，他有自己的热爱，有自己的专注，他享受那个独属于他自己的世界，没有人打扰。有时候我甚至庆幸，没有昆虫考试，也没有昆虫考级，没有这些外界功利的评判，孩子才能真正做一件"无用"的事情。

在他的带动下，我们一家人也对昆虫产生了兴趣，看到一种奇怪形态的昆虫，就开始讨论、检索资料。

如今，哥哥最希望的事情，就是去亚马逊热带雨林，好好看看昆虫。每次他手舞足蹈跟我讲昆虫时，我都在心里提醒自己：有些事情，如果我看不懂，就先不要打扰，孩子有自己的节奏，也有自己野蛮生长的能力。

一个大头娃娃，让妹妹开始野蛮生长

妹妹说
画画是世界上最美妙的事情
因为没有两幅画能一模一样
女儿啊
你又何尝不是呢

说来奇怪，我这个完全不会画画的人，竟然有一个超级喜欢画画而且画得还可以的女儿！

这几年，每一年的最后一天，我都会推掉所有活动，专门来整理两个孩子一年来的画作。本来只是想留个纪念，没想到成了孩子们成长的一种记录。

妹妹从一开始只会涂鸦，然后开始创作各种"大头娃娃"（因为妹妹说五官和头发好难画啊），慢慢地，"大头娃娃"长出头发了，眉眼也日益立体；再接着，画作的颜色也从单一的粉色到五彩斑斓；再然后人物的表情也不再呆板，越来越丰富；现在，妹妹已经可以创作有剧情内容的连环画或绘本，画作的题材也从公主扩展到风景、动物、植物。

整理这些画作的时候，我仿佛又看到了孩子们每次完成画作时的兴奋与喜悦。画画对于他们来说，已经是抒发情绪、释放压力、记录日常不可或缺的方法了。而我在陪伴的过程中，也终于相信：父母自身的能力和孩子的水平没有直接关系，因为父母更重要的作用在于点亮和支持，在于每一次他们把画作拿给我看时，发自内心的欣赏和赞美。

孩子们就像一个个"小瓶子"，只有自己把"瓶盖"打开，外界的知识和能力才会源源不断输入进去。对于哥哥来说，这个"瓶起子"是昆虫，而对于妹妹来说，是画画。

因为画画，对色彩搭配有自己的鉴赏力。

每次带妹妹逛服装店，她对衣服的颜色都特别敏感，能说出这个颜色是由哪几种颜色混合而成，以及整套服饰

孩子们就像一个一个"小瓶子"，
只有自己把"瓶盖"打开，外界
的知识和能力才会源源不断输入
进去。

的颜色搭配是否合理，有时候还会给店员提出改进陈列方式的建议。

妹妹因为画画，对时尚产生兴趣。

妹妹每次看绘本总会对人物的服装、配饰感兴趣，我就给她买了一些时装、包包配饰、鞋子设计的书，妹妹对这些书非常感兴趣，经常临摹。因为儿童时尚杂志特别少，我也托朋友从日本买了一些送给妹妹，至今我都还记得妹妹拿到杂志高兴得一蹦三尺高的样子。

妹妹因为画画，对生物学产生兴趣。

为了能画出比例更真实的人物形象，六岁的妹妹竟然开始研究人体结构、骨骼、肌肉、血管甚至淋巴系统，要知道，妹妹以前对于自然科学可是一点儿也不感兴趣啊！

妹妹因为画画，主动研究大师的作品。

我一直以为凡·高、提香、毕加索这样的大师作品离孩子们很远，但有一次带妹妹看了画展后，妹妹对凡·高和毕加索的画念念不忘，主动要求我买一些艺术书籍拿来临摹。她对这些大师的绘画风格也有自己的见解：我喜欢凡·高的色彩，但更喜欢毕加索的构图。

每一年的最后一天，我都告诉自己：父母对于子女的潜力知之甚少，永远不要低估孩子们主动探索世界的热情，更不要因为自己的认知局限，限制了孩子们的兴趣和爱好。

这孩子的心态，千金不换

我是个紧绷的人

不知道怎么引导孩子放松

但我的儿子，天生松弛

他的心态，千金不换

　　我一直是个紧绷的人，做事情一板一眼，非常较真，对灰色地带的容忍度极低，当然也曾因此吃过苦头。但我的儿子却是一个超级松弛、非常通透的孩子，他的心态，真的是千金不换。养娃这七年，我总结的最大体会就是：永远不要低估一个小孩身上自带的能量。同时，哥哥也教会我：每个人有自己的价值观，无需努力说服别人，也不因别人的态度而怀疑自己，这才是刚刚好。

有一次哥哥在小区里跟小朋友玩，一个个子高大的男生，跑过来抢了哥哥手上的玩具，哥哥直接冲过去，要了回来："你为什么要抢我的？你要道歉。"那个抢玩具的小朋友也知道自己做得不对，把玩具还给了哥哥，但碍于面子，没有道歉。

哥哥没有等到道歉，就大声说："你可以不道歉！我也可以不原谅！"说完就转身走了。我没想到到他会这样处理冲突，还真挺有意思的。

大约五岁多的时候，我和爸爸带兄妹俩在一家餐厅吃饭。点餐的时候，服务员小姐姐看他俩挺有意思，就过来多聊了几句，还答应等孩子们吃完饭，就送一些小贴纸。

我跟爸爸都没把这个小小的承诺放在心上，吃完饭就准备走了，结果哥哥到处张望，然后跑到那个服务员小姐姐身边，很镇定地说："姐姐，你答应给我们的贴纸还有吗？如果没有，也没关系，我们就走了啊！谢谢你！"

小姐姐一下子脸红了："有的有的，你等我一下。"然后就拿了两包贴纸送给哥哥，哥哥见状，也从口袋里掏出来一个小恐龙模型："那我就送给你这个吧！"说完蹦蹦跳跳地走了。

每个人有自己的价值观，无需努
力说服别人，也不因别人的态度
而怀疑自己，这才是刚刚好。

全程淡定自然、不卑不亢，我跟爸爸看得一愣一愣的，哥哥这个性格到底随谁了？但不得不说，我还蛮佩服的：该争取的时候，一定要争取，但得不到，也没关系。

还有一件事情，就更有意思了。

那还是在幼儿园的时候，有一天孩子们在玩，班上有个小男生恶作剧，把一根绳子绑在一个小朋友的脚上，然后又悄悄把绳子系在了椅子上。这样就很危险了，小朋友一起身就会被绊倒，哥哥见状就制止了小男生，悄悄解开了绳子。

结果正在解的时候，老师来了，不由分说批评了哥哥，说这样很危险，不能这样。看到哥哥被批评，那个肇事的小男生没敢承认错误，于是哥哥站起来大声说："老师，不是我系的，我是在帮忙解开！"但是因为始作俑者不肯出来承认，老师也是将信将疑。

从幼儿园回来后，哥哥马上就跟我说了这件事情，让我打个电话给老师解释清楚。我问他急吗？哥哥倒是很淡定："没事，你记得打就行了，别让老师认为我是个坏孩子。"

于是我马上电话跟老师沟通，老师说第二天了解一下情况再给我回复。第二天老师还真给我打了电话，说事情的确是哥哥说的那样，很抱歉，我们会跟哥哥道个歉，误会他了。

其实爸爸当时说这是件小事，不用跟老师解释，但是我想了想，还是选择尊重哥哥的意思。兄妹俩的老师是非常好的人，我们平时沟通得也比较多，就这件事老师还说："其实我们特别鼓励小朋友表达自己的意见，毕竟老师也会犯错啊，我们也从这些小朋友身上学到了很多呢！"

我是个对自己极端苛刻、对别人极度大方的人。但是哥哥完全不一样，他从来都是不卑不亢跟所有人相处，边界感非常清晰，我曾经无聊地担心：这个一点都不会"讨好别人"的儿子，会有亲密无间的好朋友吗？

事实证明我真是想多了，带哥哥在小区里散步，时刻都有小朋友喊他，跑过来跟他一起玩，老师也说哥哥在幼儿园是孩子王，小朋友都喜欢他。

我想也许就是因为他清楚地知道自己想要什么，能勇敢表达自己的想法和意愿，所以也能推己及人，同样坦诚地对待别的小朋友吧！

有了这两个孩子之后，我总是时常感慨"上帝之手"的力量：明明妈妈完全做不到的事情，孩子们却可以无师自通，轻轻松松做到。但仔细一想，自从我们把养娃的重点放在"生活即教育、顺势养育、减法育儿"之后，孩子的进步，反倒比我们想象的还要大。

在双向奔赴的亲密关系里我们互相
独立、彼此信任，一起变得更好。

内向而敏感的妹妹，开始拥有友谊

友情也是一种亲密关系
和孩子谈论爱情
不妨从认识友情开始

妹妹是个高敏感孩子，特别在意别人的喜怒哀乐，我也有过担心她会不会在一段亲密关系中受伤。但事实证明，如果遇到了对的人，这一切都不是问题。

妹妹有个非常好的闺蜜萱萱，两个人每天一起上学、放学，周末还要约在一起玩。有一次她俩在一起玩儿，萱萱说："我们来比赛拍球吧！"

妹妹同意了，不过妹妹的球泄了点气，拍起来的速度和频率明显不如闺蜜。妹妹一生气罢工了，在旁边直愣愣地站着，不说话也不动。萱萱看出来妹妹生气了，连忙拉了拉妹妹的小手，大声说："对了，我忘记告诉你一件事儿了，周末我生日，你一定要过来啊！"

妹妹扑哧一笑："你今天都给我说了一百遍啦，怎么可能会忘记呢！"一会儿两人就和好了。

上小学之后，妹妹不太爱举手回答问题，老师也跟我反映过。有一次我问她："你今天有没有主动做什么事情啊？比如举手？"她一听乐了："我才不举手呢，我心里知道答案！而且，萱萱也没举手啊！"

结果过了几天，她放学出来一看到我就喊："妈妈妈妈，我今天主动举手回答问题了！因为我看到萱萱举手了，我也举手了！而且，我跟萱萱约好了，要比赛背古诗，我得赶紧回家学习了。"

妹妹虽然情感丰富，但有时候不太懂得怎么表达。有一天，我发现妹妹一直在书桌上忙活，一看原来在做贺卡。咦，这孩子以前根本没有这根筋，这是怎么了？她悄悄告诉我："每次到了节日，萱萱都会做贺卡送给我，这是好朋友的约定，我也要做贺卡送给我其他的好朋友！"

妹妹每次和萱萱一起玩的时候，就如胶似漆根本分不开，分别的时候甚至哭哭啼啼。不过最近不一样了，在一起的时候就好好玩，分开的时候也果断利索。

我问她："呀，你最近和萱萱分开的时候没有哭！"

她说："那是，我们都有自己的事情要做。我画好了画，给萱萱展示；萱萱练好了琴，给我展示。即使分开的时候，也彼此挂念，当然就不怕分开了啊！"

以前我特别怕跟孩子聊亲密关系，但亲眼见证了孩子们在友谊中的成长之后，我意识到：友谊其实也是一种亲密关系，而在双向奔赴的亲密关系里我们互相独立、彼此信任，一起变得更好。

如果有一天妹妹真的要和我讨论爱情，我肯定会非常严肃问她这三个问题：在这段关系中，有没有感到时刻被惦记？时刻被理解？时刻想成为更好的自己？

好的爱情，一定不是被动物本能驱使，而是互相鼓励、互相尊重，会让彼此越来越好，越来越相信自己。如果在一段亲密关系中，你总是害怕失去、自卑怯懦，甚至对生活失去热情，那一定要果断离开。

时刻保持一种自察的能力，时刻把自己从当下的关系中抽离出来，认真审视当下的自己，是否快乐，是否阳光，是否对未来充满信心，这是保持任何一段亲密关系健康长久的秘诀。

上学第一天，童年好像结束了

不知道多年后，我还会不会想起
那一年秋天，阳光明媚
兄妹俩从树荫下穿过，笑声如银铃
哥哥牵着妹妹的手
妹妹俯身弹掉小白鞋上的灰尘
头也不回
用背影跟我说
妈妈，再见
我只希望很久以后的未来
兄妹俩依然会大笑着扑回我的怀抱

2022 年 9 月 1 日，兄妹俩背上小书包，懵懵懂懂上学了，成为一年级"小豆包"。

孩子们 3 岁那年上幼儿园的时候，我哭得稀里哗啦，在幼儿园门口反复张望，久久不愿意离开。经过三年的洗礼，我和孩子们都给足了对方安全感，所以这次，我们三个一直都很平静。反倒是爸爸，情绪有些上头。

孩子们入学第一天，爸爸真实再现了三年前我的样子，围着学校转了一圈，找到一个小门，还想透过门缝看几眼孩子。末了还跟我说："你说学校的围墙干啥砌这么高？想看一眼孩子都好难。"

送娃上学后，我本以为自己会约上三五朋友好好放松一下，但我却有点提不起精神，去工作室晃了一圈，不知怎的又溜达回家了。原来被孩子们的喊叫声、大笑声填满的房间，此刻变得空空如也。

懒洋洋地开始收拾孩子们的房间，我看着一本本书，一个个千奇百怪的小玩具，忍不住跟爸爸说："不养孩子，我大概这辈子都不知道'牵肠挂肚'这四个字到底是什么意思。"

如果有人问我：养娃七年，有什么心得？我还真总结了九条，记录了一个普通妈妈七年的心路历程。

第一条：六岁之前，好好爱就够了

六岁之前，是孩子身体发育的第一个黄金时期。好好吃、好好睡、多运动是养育的重中之重。如果你的孩子看到好吃的会两眼发光，看到好玩的会乐不思蜀，困了就能倒头大睡，开心了就笑，难过了就哭，喜欢黏着爸爸妈妈，冲进大自然怀抱就像回了家，那么恭喜你，你已经把孩子养好了！

第二条：启蒙就是播种，看不到效果才正常

六岁之前的启蒙就像播种，一时半会儿是看不到效果的（短期内看到效果的，或许是催熟）。有些种子发育得很慢很慢，也许三年后、五年后才会开花，这太正常了！更何况，有些种子注定不会开花，只会长出隐形的叶子，在很久以后荫蔽孩子。所以，六岁之前的启蒙，一定是过程为主，孩子们乐在其中就好啦！

第三条：六岁之前，给足孩子安全感

孩子对安全感的要求很简单：开心了有人分享，难过了有人拥抱，伤心了有人理解，愤怒了有人疏导。都说幸福的人一生都在被童年治愈，我的理解是：因为童年获得了足够的安全感，他不需要委曲求全去渴求别人的给予。

正是那些出糗的瞬间、懊恼的瞬
间、大笑的瞬间，甚至崩溃的瞬
间，才成就了过去七年我们之间
的"强关联"。

所以，六岁之前，多抱抱孩子吧，时间过得很快，转眼孩子就长大了。

第四条：做父母，真实比完美更重要

我记得以前看过一个采访，有位女明星离婚后说，因为父母从不让自己看到他们吵架的样子，所以她以为婚姻中不会有争吵，而当争吵一旦发生，她完全不知道怎么办。

没有父母是完美的，在我看来，真实比完美更重要。与其压抑自己的情绪，不如光明正大展示发生矛盾——解决矛盾——和好如初的过程，当然，父母要更成熟、稳重一些，本着解决问题的思路，而不是发泄情绪。

兄妹俩现在遇到问题，知道"搁置争议"，知道"一个问题有三种解决办法"，其实都是从真实的生活中学到的。

第五条：大自然，永远是孩子排解情绪最好的地方

我朋友说，人是女娲用土做的，所以离不开大自然。孩子虽然小，但也会感到压力，也会有情绪。有压力有情绪时，逛商场买玩具都不是最好的解决办法。最好的方式，是让孩子回到大自然中去撒欢，尽情撒欢！你会发现，孩子的自我调节能力，就在一次一次与大自然的互动中，变得成熟、稳定。

第六条：隔代育儿，没有你想得那么可怕

现在父母养娃都想亲力亲为，对于把孩子交给老人是一万个不放心。但其实，隔代育儿没有我们想象得那么差。当我回头看时，发现自己身上的那些优点也好、缺点也罢，都跟我的父母有千丝万缕的联系，很多时候，反而是这些缺点拉近了我和父母之间的距离，无比真实、无比温暖。更何况，多一个人爱孩子，也是孩子的幸福啊！

第七条：如果只能培养孩子一个习惯，那一定是阅读

整个幼儿时期都是一个学习的大浪漫期，本质上是生命的浪漫期，阅读和游戏本身也是学习，孩子是在无意识地吸收知识。快乐是显性的，知识是隐性的。而幼儿时期的浪漫阅读会让孩子终身受益。

在初为人母那段兵荒马乱的日子，阅读是唯一能让我们家岁月静好的事情。未读之书，未经之旅，永远好奇，永远探索，永远在路上，是我们能通过阅读教给孩子的宝贵品质。这几年，孩子们在阅读中与一位又一位智者对话，这些远高于父母认知水平的智者，就站在书中，告诉孩子们天地之广阔、世界之缤纷。

第八条：最最不要做的事情是比较

我家哥哥妹妹出生仅仅相差两分钟，但性格、爱好、脾气秉性却完全不一样。就连吃包子，也是一个爱吃皮，一个爱吃馅儿。如果用同一套标准去衡量，那必然有一个是优秀，有一个不是。但为什么要用同一套标准衡量呢？孩子本来就是千差万别的。

开学第一天，老师发过来的照片里，我一时间竟然辨认不出兄妹俩。但我也意识到这些孩子，每一个都会是各行各业的一份力量。不要比较，不要把"别人家孩子"挂在嘴边，你眼前的"小豆包"，才是值得你倾注全部注意力的！

第九条：允许犯错，允许困惑，允许进步

孩子，是在困惑中成长的。困惑，是推动孩子主动解决问题的重要动力。现在很多父母给孩子们营造了一个真空环境，凡事提前排雷，不让孩子有困惑和解决困惑的机会；事无巨细安排好一切日程，不让孩子有百无聊赖的机会。实际上这反而剥夺了培养孩子自驱力的时机。

给孩子时间，允许孩子犯错，允许孩子自己纠正错误；给孩子留白，允许孩子无聊，允许孩子自己打发时间。这也许是为人父母的另一种"智慧"。

养孩子这七年，我犯过很多错误，也时常后悔为什么当初的自己不能再成熟一些、再理智一些，这样我跟孩子之间就能多一些美好的回忆，少一些剑拔弩张。可翻看相册时，我却发现，正是那些出糗的瞬间、懊恼的瞬间、大笑的瞬间，甚至崩溃的瞬间，才成就了过去七年我们之间的"强关联"。

孩子上学第一天，从此将开始一段未知的旅程。这段旅程并不容易，但无论怎样，我们都将延续这九条不是原则的"原则"，一起面对嬉笑怒骂的人生。

05

成就孩子，也成就自己

给育儿做减法，
也是在给自己做加法。
成就更好的孩子，
同时也成就更好的自己。

我们常说，子女和父母，是这一辈子最深的牵绊，但又何尝不是最值得的幸福呢。

爸爸带娃，可真是野路子啊

男人至死是少年
当中年、"少年"、童年撞在一起时
会有什么奇妙的化学反应

孩子出生之后，过了很久，孩子爸爸才跟我聊起生产当天的一些细节。

兄妹俩用一种惊心动魄的方式跟我们见面，由于我当时失血过多陷入昏迷，是爸爸最早看到了兄妹俩。当时妹妹的生命指征极其微弱，医生在送保温箱之前赶紧让我老公看了一眼孩子们。

就在那一刻，原本像小猫咪一样闭眼蜷缩的妹妹突然睁开眼看了一眼爸爸。也就是那一眼，爸爸终于明白了什么是"一眼万年"。呆呆地看着妹妹被推走，爸爸瞬间"破防"。

从那天开始，一向钢铁直男的老公，每年都会给儿子和女儿写信。那些溢出屏幕的爱，让我看了都很嫉妒。

我们常说，子女和父母，是这一辈子最深的牵绊，但又何尝不是最值得的幸福呢。也许就是那"一眼万年"，让爸爸瞬间就有了为人父的感受，也让之后漫长的育儿生涯，有了很多爸爸的身影，虽然这些身影，经常是以令我惊讶的方式出现。

爸爸讲故事是这样的

兄妹俩喜欢听故事，尤其是睡觉前。但是我有时候太累，就让爸爸讲。结果爸爸"偷懒"，闭着眼睛一通胡编乱造：

小鹅跟爸爸一起出去玩。

小鹅问爸爸："爸爸，天上有多少星星？"

爸爸摇摇头："不知道。"

小鹅问爸爸："爸爸，大自然有多少动物？"

爸爸摇摇头："不知道。"

小鹅又问爸爸："爸爸，水里有多少条小鱼？"

爸爸摇摇头："不知道。"

小鹅继续问："爸爸，为什么我们每天都要去水里？"

爸爸说："找吃的呀！"

小鹅还是问："爸爸，那为什么我们跟鸭子长得不一样？"

爸爸摇摇头："不知道。"

这是什么烂故事，我听得直翻白眼。可兄妹俩很开心，咯咯咯地笑。爸爸等孩子们笑完，猝不及防地问了一个问题："请问！小鹅爸爸说了几个不知道？"

俩娃一下被问蒙了，足足花了几分钟回忆，给出了不同的答案"3个""4个""5个"！

爸爸嘿嘿一笑："所以你们以后听故事要聚精会神啊，不仅听故事，看书也是一样，不能看完就完了，每一本书都要有收获的！"

孩子们特别乖巧，说："知道了，爸爸！那你再讲一个，我们来回答问题！"

我以前会想各种办法引导两个孩子注意观察、聆听，没想到爸爸四两拨千斤，用一个胡咧咧的故事就搞定了。果然这之后无论爸爸再讲什么故事，兄妹俩都是竖起耳朵认真听！

爸爸教育是这样的

哥哥从小喜欢拼图，我也给他买了很多，有段时间哥哥玩得少了，我以为他对拼图没什么兴趣了。可是，爸爸总是"随便"找几个拼图，就能让哥哥安安静静玩上一个小时！

那天看着哥哥全神贯注的样子，我用眼神问爸爸：啥情况？爸爸说："你是不是以为我随便找的拼图？你看看，这其实都是半年前哥哥喜欢玩的。虽然家里有很多拼图，但是我发现一个现象：哥哥一定要留些简单的在手边，遇到难的不会拼的时候，就转而拼简单的找找感觉。这说明什么？说明成就感对于孩子来说太重要了！

虽然他喜欢拼图，但也不能一味求快求难。这两天我把之前他拼过的拼图按照难度等级分了一下，今天让他拼的是有点难度，但是跳一跳能够得着的。孩子乐在其中，就安安静静拼了一个晚上！"

爸爸陪玩是这样的

哥哥玩积木不喜欢按说明书来，自己想怎么拼就怎么拼。简单的积木拼搭无所谓，但如果拼一些复杂的积木，就没办法随心所欲了。以前哥哥总会找我帮忙，但现在遇到困难都会去找爸爸。一开始爸爸还是很认真地跟孩子一起解决问题，后来就撒手不管了，在旁边逍遥自在。

从来都消停不下来的儿子，在爸爸身边安安静静自己玩自己的，偶尔跟爸爸叽叽咕咕交头接耳一番。我也非常好奇爸爸这是使了什么魔法，爸爸特别得意地说了这么一段话："教他学会用工具。你看你，平时把自己累得够呛，照顾他们吃、照顾他们喝，给他们读绘本，陪他们做游戏，事无巨细，大包大揽。但是你知道孩子怎么想吗？孩子会觉得自己的一切都是被安排好的，没有自己可以控制的地方，这种无力感其实挺可怕的。最近孩子们总发脾气，其实就是自己想要'控制权'。所以我们有些权力完全可以下放！

比如哥哥喜欢拼积木，你别带着他一块一块拼，你教他学会看说明书，然后带他一起把材料准备好，剩下的就让他自己去探索，不懂的等他过来问你，你再帮他。前几遍不要怕麻烦，后面就会越来越轻松！这就是授人以鱼不如授人以渔！"

没想到，爸爸其实是在"无为而治"，有两把刷子嘛！

爸爸总是自信地说："我的孩子，没有人比我更了解；我对孩子的用心，甚至都不用让孩子知道，他们只管长大就好了！"

爸爸竟然跟孩子们探讨"车祸"

有一天带孩子去山上玩儿，车开到半山腰，爸爸看到附近好像有铁路，赶紧停下车，带孩子去近距离参观：一辆辆火车呼啸而过，爷仁兴奋不已，还忍不住跟火车招手，虽然那都是货车……

看着孩子们兴奋不已，爸爸冷不丁问了个问题："你们说，火车、汽车、飞机哪个更容易出'车祸'？"

我一听，在心里直嘀咕："这个爸爸，如果是想科普交通工具，角度未免也太清奇了一点。"

你别说，这个角度足够刺激，孩子们马上热烈地讨论起来：哥哥说火车安全，妹妹说飞机安全。爸爸这时候提醒孩子们，判断哪种交通工具更安全，要看它处在什么样的环境中。火车有自己的轨道，行驶路线相对固定，所以只要自身没问题、轨道没问题，就非常安全；汽车是共享车道的，一旦车多了，就容易发生摩擦，而且开车的人也是不确定因素，情绪不好、状态不佳，都可能导致车祸；飞机航行在空中，航道虽然相对固定，不会像汽车一样有太多交集，但一旦飞机发生故障，就是灾难级别的。

哥哥问："那这样的话，大家都去坐火车就可以了啊，为什么还有这么多交通工具？"

妹妹问："有没有什么办法，让每种交通工具都变得更加安全？"

孩子们就这样被一个问题启发了，接下来爸爸从每种交通工具的历史、动力来源、安全装置——讲起，足足讲了一个小时。平时枯燥无趣的知识点，竟然被一个"奇葩"问题点亮了！

长期以来，我们容易固化在自己的思维局限里：讲交通工具，就讲构造和用途；讲艺术，就讲名家名画；讲自然现象，就讲风雨雷电……但实际上，只要换个角度，就能让孩子们从被动接受知识，变成主动寻找答案。

爸爸阻止孩子吃零食是这样的

大部分家庭可能都会为一件事发愁：孩子太爱吃零食怎么办？兄妹俩也不例外，对糖、饼干、冰淇淋有着无法抗拒的向往。

爷爷奶奶通常都会说："可不能再吃了，对身体不好。"

兄妹俩就会反问："为什么对身体不好？"

而对于我定量摄入的规定，孩子们也会反问："为什么不能多吃？"

对于这件事情，爸爸是怎么处理的呢？带孩子看配料表！

他会跟孩子们分析每一种配料的成分、用途，吃进身体后可能会有什么样的反应。

时间长了，兄妹俩每次逛超市时，会津津有味地拿起包装看说明书。有一次哥哥想吃火腿肠，结果看了配料表之后，默默放弃了。

前不久阿斯巴甜被世卫组织认定为"可能致癌"的物质，兄妹俩特别得意："我们早就知道这个东西不健康，爸爸跟我们科普过，每次买东西，我们看到配料表里有阿巴斯甜的都没有买！"

爸爸也觉得自己阙功至伟："你不是一直说要尊重孩子吗，与其打着'为孩子好的名义'粗暴制止，不如让他们了解真相，学会自己判断，这才是尊重。"

爸爸对待孩子玩电子产品的态度是这样的

在如何对待孩子使用电子产品的问题上，我属于保守派，能少接触就少接触，两个孩子三岁之前，除了看儿歌动画，很少使用电子产品。

但没想到爷爷奶奶"沉迷"电子产品，每天小视频刷得不亦乐乎。兄妹俩看到爷爷奶奶刷视频，当然也会忍不住去看。

成人的世界里满满都是电子屏，孩子的世界又如何幸免？

可是有一天，我居然发现爸爸带着孩子在看 PAD，正准备开口责备，没想到听到爸爸说："这是微信，爸爸妈妈经常用这个来跟同事、朋友沟通信息，以前大家都打电话，现在大家基本都用微信。

这个叫抖音，就是很多时候爷爷奶奶刷视频用到的。爸爸妈妈都没有下载这个软件，因为这里面提供的都是'碎片化信息'，看久了，你只能看见树叶，看不见参天大树，不太好玩。

这个是长视频软件，里面有完整的动画片、电影、电视剧，这些作品都属于艺术创作，我期待有一天能从这里看到你们的作品。

这个是你们听故事的 APP，每次出门妈妈给你们放的那些故事就是这里面的……"

介绍完以后，爸爸接着说："无论是书、PAD，还是妈妈给你们买的学习机，都是我们获取信息的渠道。不同之处在于：看经典书籍，会让你们的大脑越来越爱思考；刷碎片化的短视频，会让你们的大脑越来越懒惰。大脑懒惰的后果，就是别人说什么，你就听什么，把自己宝贵的思考能力拱手相让，这太可惜了！"

后来，爷爷奶奶刷视频的时候，兄妹俩居然也不那么好奇了，还会点评一二："你这个，我在书里早就看过……"

过去我们的教育一直按照工业社会的标准，效率优先，模式化批量化去培养孩子、教育孩子。但时代发展到今天，这套模式明显不匹配了。未来是数字社会，早早拥有能识别信息、判断真谬、独立思考能力的孩子，才是未来所需。而这一切，可能就从帮孩子正确认识电子产品开始。

爸爸带孩子们学习是这样的

我带孩子学习，跟自己写书一样，一定要沐浴更衣、焚香静心，万事俱备之后，开始认认真真、端端正正地学习一小时。我一直秉承"学习的时候，好好学，玩的时候，好好玩"这个原则。所以这一个小时，语文数学英语安排得严丝合缝，按部就班。

但爸爸不一样，他喜欢冷不丁丢一个任务出来。比如可能孩子才刚到家，玩得满头大汗、浑身脏兮兮的，还没来得及喘口气，爸爸就说："你俩一会儿写个日记，把你们假期想去的博物馆都列出来，至少 10 个。"

然后他就去忙自己的事情了。孩子们一脸蒙，但是爸爸的语气又不容反驳，于是俩娃一边洗澡一边冥思苦想，吃饭的时候也若有所思。吃完饭放下筷子就直接去写日记了，没多久就写出来了！

然后爸爸又说："把你们写的日记，用拼音再写一遍，不会的来问我，也可以空着，允许你们空三个字。"兄妹俩又吭哧吭哧用拼音写了一遍。

　　等孩子们写完，爸爸开始总结了："以前你们写日记，趴在桌子那儿半天也写不出几行，知道原因吗？就是思考的时间太少了！今天一进家门爸爸就给你们布置了这个任务，给了你们充分的时间思考，你看，想好了，下笔就很快，对不对？任何时候，思考都是一件非常重要的事情。"

　　爸爸带娃其实是没啥耐心的，温柔不过五分钟。但人贵在有自知之明，爸爸知道自己的耐心只有 5 分钟，于是就把每天晚上半小时辅导学习的时间，切割成了 6 个 5 分钟，号称"五分钟带娃大法"。

　　5 分钟读一篇文章，要求大声朗读；
　　5 分钟听完一段英语，听完现场回答各种搞怪的问题；
　　5 分钟了解一个数学概念，并且在生活中找到对应的例子；
　　……

　　爸爸带孩子们学习，绝不互相为难，5 分钟一到说停就停。但也正因为有了明确的时间限制，效果反而挺好。

爸爸启发孩子们独立思考是这样的

我带孩子们读了很多很多故事，童话寓言、神话传说……作为"好学生"，我一直都是中规中矩给孩子们讲故事。但爸爸不是，他讲故事都是"野路子"。

比如白雪公主的故事，爸爸就将其称为"历史上著名的毒苹果计划"。而且爸爸讲完还要求孩子们改编成另一个版本，可以从故事中的配角视角出发，重新阐述故事发展的可能性。像是从皇后的视角出发，结局会是怎样呢？

时间长了，孩子们慢慢发现：我们现在看到的任何历史事件，都是胜利者书写的，也许有另一个我们不知道的版本；我们现在听到的任何消息，都有可能是掺杂传播者的主观感受的，也许并非事情的真相。

学会从不同的角度去解读一个事件，这才是未来需要的思辨能力。

爸爸带娃的路子跟妈妈不同，但其实摆脱了育儿技巧的束缚，自己不紧绷，孩子也会放松。更重要的是，把孩子当成独立的人去对待、去相处，真实生活的细微之处都藏着育儿的大智慧。

别叫我妈，叫我妈妈

妈妈和妈
一字之差
却足以掀起波澜

有一天我很早就出门上班，爸爸送两个孩子去幼儿园。可那天晚上我一到家，孩子们就冲过来抱着我，儿子突然说了一句："妈，我可真想你呀！"

我愣了一下，他以前都是亲亲热热喊"妈妈"的呀，今天怎么变成"妈"了？但还是赶忙回应道："妈妈也真想你们呀！"

说完兄妹俩就去各忙各的了。

看我还愣在那里，爸爸走过来安慰我："是不是那一声'妈'让你有点失落啊？其实今天早上我送他俩进学校，哥哥就跟我说了一句'爸，让我妈早点来接我！'也搞得我后来一路开车都不在状态。你说，这俩毛手毛脚的小孩，怎么好像突然之间就长大了呢？"

是啊，怎么好像突然就长大了呢！

这些年来，每一天我都能听到孩子们甜甜的声音"妈妈，妈妈"，也习惯了他们的亲昵。殊不知，他们正悄无声息地长大。不会在半夜哭着醒来喊妈妈，不会每天八百遍"妈妈妈妈，你快过来"。

以前特别忙晚上需要加班的时候，两小只都缠着我不肯去睡，一定要我躺在旁边他俩才安心；现在加班回家晚，两小只自己已经睡了，我患得患失地问爸爸，孩子们问妈妈了么？爸爸都摇摇头。

那一瞬间好失落，真的失落。

我虽然知道，母爱是一场渐行渐远的离开。但真的感受到，还是觉得太快了。当孩子脱口而出的是"妈"而不是"妈妈"，这意味着，留给我们母子母女毫无顾忌亲昵的时间不多了。接下来，一定会发生这样的场景：

妈，我回来了！

妈，一会儿吃饭再叫我！

妈，进房间先敲门！

妈，我跟同学出去旅游了。

妈，有空我再跟你说。

妈，先不说了。

……

从"妈妈"到"妈"，看起来只是一字之差，但其实就是孩子逐渐长大、母爱逐渐剥离的过程。

我跟爸爸说："好难啊，能不能慢一点？"

爸爸以前估计会笑着说怎么可能？但是那天，他也跟着我感叹："是啊，能不能慢一点？"

隔天我给我妈打了个电话，唠叨完日常，我问她："妈，我是什么时候改口不再叫妈妈的？"

本以为时间久远，我妈未必能记得，结果她竟然告诉了我一个准确的时间！

我妈说应该是 6 岁多的时候，那年她被医院派到外地学习，整整半年没有见到我，等她学习完回姥姥家接我，我正在麦田里和小伙伴疯玩，她停下来喊我，我竟然不认识她了，仔细辨认半天，才喊了一声"妈？"

当孩子脱口而出的是"妈"而不是"妈妈",这意味着,留给我们母子母女毫无顾忌亲昵的时间不多了。

我妈说当时听到心都碎了，感觉特别对不起我，同时也觉得某些东西可能失去了，再也找不回来了。

原来每个母亲都要面临这样的时候，经历同样的失落。挂电话时，我郑重地说："妈妈再见！"说完自己还挺不好意思，又赶紧找补了一句："别觉得肉麻啊，主要是想让您再体会一把'妈妈'的感觉。"

挂掉电话，心里还是闷闷的，就想着出去走走透透气，结果不自觉就走向了孩子的学校。离放学还有半个多小时，我看着孩子们的教室，回忆着这几年孩子们的点滴成长。

还只有几个月大的时候，孩子身上仿佛装了雷达，我但凡离开 5 米以外，兄妹俩就开始哼哼唧唧。虽然不会喊"妈妈"，但那每一声咿咿呀呀都是在呼唤我。

3 岁上了幼儿园，每一天在幼儿园门口分别时的"妈妈再见"，情感浓度都是爆表的，不舍、焦虑、期待……都在那声"妈妈"里。

6 岁上了小学，还没到学校门口就开始放慢速度，想喊"妈妈"又觉得害羞，不喊"妈妈"又觉得遗憾，一直到不得不分开的地方，才快速喊一声"妈妈我走了"，转身离开。

而今的一声"妈"，是克制，是成长。依恋少了，是大孩子了……

正想着呢，校门开了，兄妹俩看到我直接飞奔过来，老师都拦不住。两人一起冲到我怀里，喊了一句："妈妈你来了！我们可太想你了！！"

悬了两天的心终于放下来了，失而复得的感觉简直太美妙了。他们又喊我妈妈了，时间果然慢下来了！还好，还好。

但我也意识到：这声"妈"之后，今后的很多路，我要习惯没有孩子在身边……

至于孩子，他们还有更重要的事情要去做，那就是肆意生长。

我才不想当"指引天使"

当妈各种难
但最难的
是学会闭上嘴巴

有一年我过生日的时候，爸爸点燃蜡烛让我许愿。

妹妹趴在我肩上，问我："妈妈，我也可以跟着许一个愿吗？"

"当然可以！"

吃完蛋糕后，妹妹告诉我："妈妈，我许愿你不要变老！"

"哈哈哈，怎么可能不变老呀，你们一天天长大，妈妈就会一天天变老啊！"

"不对不对，你只要做到一件事，就永远不会老！"

"啊？这么神奇？什么呀？"

"那就是不唠叨！"

她还担心我听不明白，专门解释了一下："就是千万不要像爷爷奶奶那样爱唠叨！

我不想吃鸡蛋的时候，奶奶会逼着我吃，还会列举鸡蛋的十大好处；

我想穿裙子的时候，奶奶非说天冷让我穿裤子，说不穿就会感冒，感冒了就会怎样怎样；

我想吃块饼干，爷爷奶奶就会唠叨'总吃零食'的坏处；

我想睡个懒觉，爷爷奶奶就会唠叨'总睡懒觉'的坏处；

我问奶奶总这么说话累不累，奶奶就会说这些都是为了我好；

……

我已经长大了，你们讲的话，我一遍就听懂了。妈妈你目前做得很好，不说多余的话，请你保持下去好不好？"

真佩服这丫头的伶牙俐齿，一口气说这么多，一点儿都没有磕巴！不过她这么一说我才回想起来，那段时间，兄妹俩总是非常抗拒去爷爷奶奶家，原来是不喜欢听唠叨啊！那之后，我一直在想：爱唠叨是不是亲子关系的第一杀手？

直到跟着孩子们看了一集《哆啦Ａ梦：指引天使》后，才明白。

哆啦Ａ梦送给大雄一个"指引天使"：一个总是能帮大雄做出最好决定的指引天使。刚开始指引天使的确帮上了大忙，躲开恶狗的追击，甚至让他赢了棒球比赛。但慢慢地，指引天使开始变得啰唆，越来越爱说教，为了达到自己的目的甚至不择手段，比如为了让大雄早点回家写作业，竟然控制他做鬼脸，逼大雄离开静香家。而且总是把"我这是为了你好""你听我的绝对没错"等话放在嘴边。

大雄开始反感指引天使的话，即便是对的也不想听。终于，当大雄回家发现哆啦Ａ梦生病了，需要找回丢失的螺丝钉时，指引天使还是要大雄做出"正确的决定"：去读书！大雄爆发了，不顾一切去寻找丢失的螺丝钉修好哆啦Ａ梦，并且在摆脱指引天使后，觉得一身轻松。

和兄妹俩一起看完这集动画片之后，我似乎懂了：大多数父母不就是这个动画里的指引天使吗？满心都是为了孩子好，也的确总是能做出"正确的决定"，但为什么和孩子的关系越来越紧绷，孩子也越来越抗拒听从父母的话？

孩子的心理变化，大概就是这集动画片里大雄所经历的一切吧！

可如果父母不要做指引天使，做什么才行呢？答案也在故事里，那就是哆啦A梦！与指引天使"总是做正确的决定"和"嘴上指导"的方式相反，哆啦A梦总能在大雄遇到困难的时候，提供实实在在的帮助。而且无论大雄的要求在我们看来有多么"奇葩"，哆啦A梦总能理解大雄，与他共情。也因为如此，即便有一些难为情的心里话、不那么"正确"的请求，大雄也愿意跟哆啦A梦说。

问题是：怎样才能成为孩子的哆啦A梦呢？

如果孩子不喜欢唠叨式的交流，或许可以试试"便利贴沟通"。

每天早上，我都会在便利贴上给孩子们写下一句话，有时候是鼓励孩子们："今天上课好好听讲哦！"有时候是"今天体育课要好好跳绳哦，争取跳到100个！"有时候是告诉孩子们自己的心情："昨天我们一起去了海洋馆，妈妈好开心啊！""昨天你画的画真好看，妈妈今天还在回味呢！"有时候是跟孩子们分享自己要做的事情："再过几天我们就要出去旅游了，妈妈今天要好好准备

我已经长大了，你们讲的话，我一遍就听懂了。妈妈你目前做得很好，不说多余的话，请你保持下去好不好？

呢！""今天妈妈要读一本书,晚上回来我们交流一下哦！"甚至是反省自己做得不够好的地方:"妈妈昨天发脾气了,对不起啊宝贝！"

小小的便利贴上,有我的心情、思考、想对孩子说的话和对他们的爱。以这样的沟通方式,让孩子们感受到自己被爱、被尊重,同时,我也打开了自己。

只要这个沟通渠道在,孩子们的青春期应该也能平稳度过吧！

除了便利贴沟通,我还带着孩子们从三岁开始写日记。

孩子三岁上幼儿园后,分享欲十足。我就鼓励孩子,把在幼儿园发生的事情记录下来。一来我能知道孩子们在学校的情况,二来也让孩子们知道:原来还有这种办法去记录生活。孩子们从简单的涂鸦开始,到图文并茂,到现在的文字,已经写下了满满几大本日记了。

我们经常讨论孩子的"安全感"这个话题,我自己也一直在思考,安全感并不仅仅来源于父母的陪伴,更重要的是和自我的相处。

如果孩子知道,有一个地方,能包容我的任何想法(哪怕有些黑暗),我的任何行为(哪怕有些叛逆),我的任何情绪(哪怕有些愤怒)……而且这个地方还是我创造的,永远不会消失,那这份安全感就是稳稳的。

这是孩子给我留的一扇门，他们愿意向我展示的时候，我能通过这些日记了解我不曾看到的他们。

比如有一件事情给我触动挺大的。

我一直以为哥哥是个大大咧咧的孩子，没有那么多小心思。直到有一天，画室的老师表扬了他（平时都是妹妹被表扬，哥哥总是陪跑），还发了个小奖状。我去接他们的时候，哥哥脸上也是波澜不惊，没有表现得很兴奋。可在当天的日记中，哥哥记录了、而且只记录了这一件事情：我得奖状了！

可是那一天，我们去了他最喜欢的海洋馆，买了他最喜欢的玩具，我原本以为他要记录这些的！原来所有这些都比不过一张小奖状在他心中的地位。

也是那一天，我才知道哥哥内心也住着一个细腻的小孩，是我根本不曾了解的那一面。后来我悄悄买了很多奖状，在哥哥做出一些小成绩的时候，发给他。

我真的特别感谢日记，让我有机会一次一次修正自己的行为，一次一次蹲下来看看身边这两个孩子柔软细腻的那一面。也让我成为一个不唠叨，但懂孩子的妈妈。

当然更重要的是，让我放弃了当"指引天使"的执念，只想当一个"哆啦A梦"。

我们遭遇，我们也治愈。多年之
后云淡风轻地想起当年，希望我
们的孩子们能多一些这样的画
面：我那天很开心！

跟三岁孩子道歉

被认真对待的童年
就是笑对这个世界的底气

作为妈妈，难免会犯错，但我养成了一个好习惯：及时跟孩子道歉。而这一切，源于兄妹俩刚上幼儿园时发生的一件小事。

有一天早上，我要赶去单位开会，但妹妹必须得让我送她上幼儿园，为此号啕大哭，安抚了半天都不行。眼看着开会时间快到了，我只好离开，让爸爸去送孩子们。

开完会后看到爸爸的信息：妹妹哭了一路，到幼儿园还在哭着要妈妈。原本想着早点回家安抚一下妹妹，结果下午又收到晚上开会的通知，要求必须到场。如果开完会再回去，妹妹肯定已经睡了，连跟她说抱歉的机会都没有。

想到妹妹可能要带着一整天难过的情绪睡去，我心里很不是滋味。于是当机立断，决定趁着下午这个间隙，接女儿放学，牵牵她的小手，亲亲抱抱举高高，对她说句抱歉。

上班的地方距离家虽然只有十多公里，但需要经过常年拥堵的二环，我坐在车上，心急如焚，生怕错过妹妹放学的时间，一路都在默念"宝贝等等妈妈"。终于，在妹妹出来的两分钟前风风火火赶到了幼儿园门口。

小班的小朋友们一个一个出了校门，我家妹妹在最后一个（妹妹个子是全班最高的）。我开心地对妹妹喊："宝贝，妈妈在这儿！"

妹妹迅速在人群中锁定了我，先是睁大眼睛表示惊讶：今天怎么是妈妈来接我？然后小嘴一撇有点委屈，可能想起了早上。但很快她就高兴起来，穿着厚厚羽绒服、背着小书包的她居然跳了起来，开始转圈圈，边转边笑："妈妈来了！"仿佛整个世界只有我跟她。

老师一个个把小朋友送到家长手上。我排在家长队伍的最后一个，妹妹也排在小朋友队伍的最后一个。我跟妹妹互相看着，觉得时间好慢。抱起妹妹的一瞬间，我亲了亲她，似乎不用道歉，也已经取得了妹妹的原谅。

虽然赶回单位一路飞奔，但心里却平静了许多。往返驱车 20 多公里，就为了跟女儿相处 10 分钟，说上一句抱歉。

也许很多人都会觉得孩子人生这么长，何必执着于这点小事？

但就是这点小事，却成为妹妹最闪亮的记忆。

因为兄妹俩六岁生日那天，妹妹跟我说："妈妈，我还记得小时候，有一天你突然来幼儿园接我，也不知道为什么，那天我好开心啊！"

我原本只是单纯地想跟妹妹说句抱歉，但是留在孩子心中的，是"妈妈来接我了"以及"我那天很开心！"

我们大多数人都经历过童年创伤，这些创伤不是身体上的伤害，有时候也不是精神上的刺激，更多的是在我们看不到的地方，或者我们不以为然的时候发生的。

但是，大多数人也都这样过来了，我们遭遇，我们也治愈。多年之后云淡风轻地想起当年，希望我们的孩子们能多一些这样的画面：我那天很开心！

让孩子们时时刻刻感受到妈妈的爱一直都在，也许才是抵御各种不确定的底气吧。

成为妈妈后也可以过一种很酷的
人生，前提是我们足够勇敢，足
够相信。

35 岁的妈妈，中年叛逆了

35 岁
我从工作了十年的体制内辞职了
成为妈妈
绝对是改写人生的一件大事

说到育儿，就离不开妈妈和自己这两个身份。

为了能够自由自在做口译，也为了能有更多时间陪伴孩子，35 岁那年，我辞职了。递交辞职报告的那一刻，心里还是有些难受的。不是因为留恋，而是有些遗憾。就好像"说好的白头偕老，如今只能我先走"那种感觉。

那天领导指着书架上大家一起工作的照片挽留我。但是成年人不能既要、又要，否则生活的答案就是既不给，也不给。

很多同事问我原因，我都回答说"想做点自己喜欢的事情"。

其实人生的很多大事，真正来的时候总是悄无声息的。

或许是有天早上 7 点堵在路上，突然发现这一条条马路仿佛一条条传送带，把我们这些零件输送到工厂里；

或许是有天下午 3 点出来取快递，突然发现下午 3 点的太阳是这么温柔，下午 3 点的街道是那么安静，而这些我从来没有注意过；

或许是有天晚上 9 点孩子们酣睡后，突然发现去年买的小被子已经盖不住孩子的脚丫了，这一年的时间都到哪里去了？

于是，在几乎所有人的反对声中，我坚定地离开了。

最后回头看了一眼自己工作了 10 年的大院，过去所有的回忆刹那间排山倒海般涌来：春天满园的桃李芬芳；夏天枝繁叶茂的大榕树；秋天落叶满地踩上去沙沙作响；冬天红墙白雪银装素裹……

别了。

门口的保安知道了我离职的消息，走出来手动帮我抬

减法育儿

杆：一路走好。

驶离单位大院后，正午的阳光肆无忌惮洒到车里，我开着车在安静的街道上漫无目的地游荡，心里只有两句话：

再见，过去；

你好，未来！

从吃喝拉撒都不愁的体制内螺丝钉，到什么都要自己管的创业公司管理人员，这些年我领教了人性的复杂、沟通的痛苦、管理的妥协，当然也体会到从未有过的成就感、满足感，以及自由。

辞职后印象最深刻的一件事情是去市政厅办一项手续，之前代表单位去办的时候，拿出名片得到的都是客客气气的招待；如今代表自己去办，得到的却是"你这都没有正式单位"……

不过来不及感慨就投入了新生活模式中，默默努力着，一切终于走上正轨。我知道很多以前的领导、同事惦记我，于是公司成立两周年的时候，我发了一条朋友圈，跟大家汇报了这两年的近况。朋友圈刚发出去不久，我就收到了不下十个电话，有老领导的，有前同事的，他们第一句话不约而同都是惊呼：天哪，你怎么变化那么大？

有吗？

自己身在当下感受不到，但这些电话让我意识到：我可能真的不一样了！仔细看了看自己发的朋友圈照片，回忆辞职后这段时间的生活：

虽然每天依旧忙忙碌碌，但整个人的感觉是松弛的，因为一切都踩着自己的节奏；

虽然烦心事不少，但每天做着自己喜欢的事情，嘴角也是上扬的；

虽然依旧要操心孩子，但陪伴的时间多了很多；

……

早上送完孩子，步行或者骑车去工作室，看着街边热火朝天的早餐店，听着熙攘人群里嘈杂的声音，烟火气十足；打开工作室大门就会有一大片阳光迫不及待扑向我、笼罩着我，坐下来准备会议材料、翻译、码字；做完会议口译后就在街角坐一会儿，溜达着坐地铁回去；下午去接孩子，跟孩子在小公园里打打闹闹，发现下午 5 点的阳光也很美……

这非标准的工作模式，带给了我非一般的工作成果。过去这些年，我每年都会完成上百场翻译，每一场都尽力做到无可挑剔；完成了八套童书的翻译、出版了两套新书，每一个字都反复推敲，力争不留遗憾。

我依旧忙碌，甚至更忙了，但所有的忙碌都是因为喜欢，不是因为必须。

脱离了社会的标准轨道后，我正在努力让生活热气腾腾，让时间回到原本的位置。甚至我形容时间的时候，已不再是五分钟一小时两个月，而是非常生活化的表达，让时间成为事情的载体：做一杯奶昔的时间；吃一顿饭的功夫；读一本书的精力……

这也是我给自己的心理暗示：拿回属于我自己的时间。

辞职后的这段时间，我的格局也在一点点打开。看待事物时，不再从微观角度讨论细枝末节，而是从宏观角度看到整个格局。之前的我身处工业行业，思维偶尔也会固化，但是现在翻译的每一场会议都是一个全新的主题，这些来自不同行业的观点在我脑中激荡，让我受益匪浅。耳边也一直有声音在告诉我：这是最好的时代。

当然，有非一般的成果，也有非标准的快乐，还有很多大家看不见的无奈和不易。我只是在过去拼命攒下的能力、人脉、资源基础上，尽可能地选择了一种不太内耗的生活方式。

就像很多年前我写下的一句话：规则之下寻求最大程度的自由。

大江大河，小溪汇至。人到中年，再叛逆一把。我想，成为妈妈后也可以过一种很酷的人生，前提是我们足够勇敢，足够相信。

女孩的养育方式很简单：就是别
去妨碍和剥夺她们与生俱来的、
自己振翅高飞的能力。

养育女孩的"她力量"

在女孩子的一生中
要有怎样的"她力量"
才能不被世俗的价值观所困
远离伤害
过上平安幸福的一生

兄妹俩六岁多的时候，有一天竟然讨论起了"婚恋问题"，妹妹当时疯狂输出观点：女孩子为什么不能跟女孩子结婚？女孩子遇到喜欢的人可以送礼物，也可以求婚。

我非常惊讶，因为我们从来没有跟孩子谈论过这方面的话题。我问妹妹为什么会这么想，她说自己也不知道，反正就脱口而出了！

由此，我开始思考：养育女孩，尤其是在男权社会里，我们需要给她的最核心的力量究竟是什么？

其实，一个女人的独立，需要三代女人的努力。

我姥姥一直恪守着相夫教子的观念，思想不算解放，但有一点她非常坚持：鼓励女儿们读书。我妈和我姨都是当时少有的能一直读到高中的人，我姨还一鼓作气考进了大学。在当时那个环境下，很多女孩子早早就进了中专准备寻一份工作，我妈和我姨能走到那一步，已经让我姥姥用尽了"洪荒之力"。

重视读书，这是我姥姥能送我妈去到的最远的地方。我妈接过姥姥的接力棒，又把我和我妹送到了她力所能及的最远的地方；而我现在做的事情，也是接过这把接力棒，把我女儿送到更远更独立的地方去。

六岁的我肯定说不出这些话，但如今我六岁多的女儿频频冒出金句，大概率也是接过了我手里的这把接力棒吧！

波伏娃说过，男人的幸运在于：成年时和小时候就会踏上最艰苦但也最可靠的道路。女人的不幸在于：她总是受到几乎不可抗拒的诱惑包围，一切都促使她走上容易走

减法育儿

的斜坡。人们非但不鼓励她奋斗，反而对她说，她只要听之任之滑下去，就会到达极乐的天堂。当她发觉受到海市蜃楼的欺骗时，为时已晚，她的力量在这种冒险中已经消耗殆尽。

向上的路总是艰难的，这句话对女人来说尤其如此。我想，在过去很长一段时间内，我妈其实也是迷茫的，一方面希望我们生活安逸，另一方面又希望我们有独立的事业。而支持她走过来的，就是在那个物质贫瘠的年代，她从书中汲取过前行的力量。

她把这种力量传递给了我们。

永远不要放弃自己的事业，不要放弃读书，是我妈对于女性主义朦胧的理解，是她对我们的要求，更代表着她虽然迷茫但执着的坚定。诚如波伏娃所说：女人不是天生的，而是后天形成的。

在过去长达二十多年的时间中，我也被很多要求规训过，也在各种思潮中迷茫、挣扎过，直到我读了《那不勒斯四部曲》（后来被改编成了电视剧《我的天才女友》），我才意识到，我必须完全打开自己，去接收不同的观点，大胆挑战自己以往的认知，否则读书之于我，只能是获得一份稳定工作、提升社会地位的手段，并不能使我真正思想独立。

女性独立之路布满了荆棘。好在，有书，有先驱。是一代又一代的女性文学巨匠让我们看到了女性的巨大力量，从《简·爱》到《傲慢与偏见》，再到《小妇人》《第二性》《始于极限》，越来越多优秀的女性开始发出自己的声音。

也正是因为这一代一代的积累，才会有妹妹这一代的孩子，能清醒地看见自己的需求，做出自己的决定。我真的很为这一代的孩子们感到开心。

当然我更开心的是，爸爸和哥哥，特别是哥哥，发自内心认可和尊重妹妹。当男性也不再被固有的观念"规训"时，社会的发展才会更加健康和谐。

对于怎样养育女孩，很多育儿专家都给出了建议，但实际上，上野千鹤子老师已经说得非常清楚：女孩的养育方式很简单：就是别去妨碍和剥夺她们与生俱来的、自己振翅高飞的能力。

那天之后，我也从书中找到了能一直给予我们力量的榜样。她们都不是寻常意义上的名人，但都是平凡世界的英雄，用自己的方式，改变了这个世界。

第一个故事：苏和一只名叫苏的恐龙

苏·亨德里克森是一个腼腆的小姑娘，出生在印第安纳州，跟其他小女孩不同，苏最喜欢做的事情是"寻找"。无论是妈妈丢失的小饰品，还是史前的沉船，什么事情都喜欢探索研究一番。

她最喜欢去的地方是自然历史博物馆，那里藏着别人找到的宝贝，苏想要快点长大，想去广阔的世界寻找尚未被别人发现的东西。

17岁时，苏第一次潜水寻找热带鱼，去多米尼加的琥珀矿中寻找史前蝴蝶，在秘鲁的沙漠里寻找鲸鱼化石，然后去美国南达科他州寻找恐龙化石。

没有淋浴设备，没有床睡觉，日晒雨淋，可苏一直没有退出考古挖掘队伍，她热爱她的工作，珍惜发现东西的机会。

在挖掘工作进行到第四个年头的时候，苏远远望见了一座峭壁，感觉那里应该能有发现。那天早上浓雾弥漫，但苏还是走了四个多小时，终于走近峭壁的时候，发现了峭壁上有类似骨头的东西，再仔细一看，苏激动得全身都开始颤抖，有三块化石看起来非常像恐龙身上巨大的脊椎骨！

苏判断这是雷克斯暴龙（霸王龙）的化石，激动地召唤整支队伍开始挖掘，连续五天，顶着46度高温，从日出到日落，终于挖出了几百块骨头！

这是目前全世界出土的霸王龙整体骨架化石中，最大、最完整、保存最好的，而这只霸王龙也因为苏而被命名为"苏"，陈列在了苏小时候经常去的那家自然历史博物馆。

我们看到的是苏对"发现"本身的热爱，这种热爱带来了持续的热情、坚毅的性格，更重要的是，苏让我们看到：永远不要失去对宇宙万物的好奇心，它会把你带往你以为绝对不可能到达的地方。

第二个故事：龙医生与科莫多巨蜥

如果大家去伦敦动物园的话，会发现爬行动物馆有个雕塑，是一位女性的半身像，她叫琼·普罗科特。

在同时代的女孩子们穿着漂亮的长裙，在不同的社交场合优雅地喝着下午茶时，琼的客人显得格外另类：长着鳞片的蜥蜴和鳄鱼。

当其他女孩在读公主故事的时候，她读的是爬行动物的故事，她甚至养了一只鳄鱼带它去散步。没有人理解她，于是她被同伴孤立，老师也不喜欢她。

跟朋友们的共同语言越来越少，琼只好去自然历史博物馆，跟管理员聊爬行动物身上的鳞片和花纹。

后来，琼因为在爬行动物知识上的博学被博物馆招聘了。

进入博物馆后，琼将自己的热爱发挥得淋漓尽致，19岁的她就发表了很多关于爬行动物的论文，并为爬行动物展览创作了很多绘画作品和模型。

在为爬行动物馆设计新的展室时，琼用心地设计了一个特别的展室，这是为科莫多巨蜥准备的。

当时人们都称将其称为科莫多龙，传言这种蜥蜴体型巨大、凶猛无比。但是琼并没有被传言吓住，而是期待着能近距离地接触它、研究它。

在新的爬行动物馆开放的那一天，人们在特别展室看到了两条两米多长的科莫多巨蜥，而且让大家惊讶无比的是：在琼的照顾下，"巨龙"竟然展现了温顺的一面。

新的爬行动物馆大获成功，记者们都很好奇，是什么样的女人才能管理好这样的动物馆？

琼决定在国际会议上分享她的研究，希望大家的关注点不是"女人管理动物馆"，而是爬行动物本身，并且消除对爬行动物的误解。

于是她带着那只科莫多巨蜥桑巴瓦去参加国际会议，琼在台上讲解的时候，桑巴瓦就在听众中间溜达。人们也由此深入了解它，改变了以前的偏见。在当时引起了很大的反响。

琼的身体一直不太好，受病痛折磨，34 岁在睡梦中与世长辞。在生命最后的时光里，动物园的参观者还经常能看到琼坐在轮椅上，而桑巴瓦守护在她的身边。

她用自己的一生证实：好奇心和热爱不分性别。

第三个故事：世界上第一位女程序员阿达·洛芙莱斯

大家可能不知道阿达，但一定知道她的父亲——拜伦，对，就是那个享誉世界的诗人拜伦。

拜伦在婚后仍然过着放荡不羁的生活，这让妻子安娜很不满意，带着刚刚满月的孩子回到了自己父母的家。

安娜一直认为拜伦的想象力是毒药，所以坚持让女儿学习理性的数学。虽然安娜受过良好的教育，但在当时那个年代，除了将女儿培养成一位淑女找到门当户对的男人之外，也没有什么更好的打算。

但阿达不这么想，快 18 岁时，她在一次聚会中认识了计算机鼻祖查尔斯·巴贝奇，还参观了他的实验室。

从此，她就被这些神奇的机器吸引，那次经历对于阿达来说是个重大的转折点，她激动地意识到，数学和想象力之间不一定是对立的关系。

她牵头成立了女学者联合会，婚后也没有停下她的研究，她翻译了巴贝奇的程式设计书，她批注的笔记甚至可以跟原著相媲美，这些笔记对现代电脑与软件工程产生了重大影响，其中一部分被认为是世界上第一个电脑程序，阿达也成为世界上第一个程序设计员。

在 19 世纪，女性根本不会做科学论文这种事情，但是阿达做到了，当时母亲认为的缺点却让她给缜密的数学逻辑插上了想象的翅膀，以不一样的方式创造了历史。

这三位平凡世界的女英雄，事迹并不为人熟知，但她们都在自己热爱的牵引下做出了令人铭记的事业。

女性独立之路从来都是布满荆棘，但因为这些先驱们的"她力量"，也让这一路开满了鲜花。

我一直相信，有热爱就无所畏惧，有能力就有底气拒绝，历史上这些女性开拓者的故事，穿越时空，仍然能带给我们无尽的力量。

有了超越眼前的热爱，冲出职场、家庭、社会强行定义的围城，不被性别所困，有能力追求，有底气拒绝，这就是我希望女儿成为的样子。

就是这个从一堆破铜烂铁上建造
起来的书的王国，让我和父母分
别十年后，没有任何隔阂地重新
联结，也是这个已然斑驳但仍屹
立不倒的"王国"曾经托起了我
的梦想。

25 年前，破铜烂铁建立起来的王国

25 年前
我爸用破铜烂铁给我打造了一个书的王国
如今
我把这个王国给了孩子们

　　我上初中的时候才跟父母住到一起，按理说是有些生疏的，但当时我爸做了一件事情，就让我迅速"皈依家门"。
　　我爸去姥姥家接我的时候，执意非要亲自帮我打包东西，当他发现我要带走的绝大部分是书时，应该当时就在心里做了计划，只是没告诉我——他想给我买个书架。但是当时家里条件不好，别说书架了，书桌都没有，我每次都是趴在椅子上写的作业。

一个月后，我爸花了一百多块钱从建材市场买了一堆快要生锈的铁架子回来。接下来的一周，我爸每天在楼下敲敲打打。终于有一天，我放学回来刚进小区，就看到了院子里一个超大的书架！

我爸当时正在非常小心地刷漆，是纯白的漆，根本没注意到我回来，但我到现在都记得我爸一身白色油漆点子的样子。我震惊了，没想到我爸心那么细，更没想到我爸能用一堆破铜烂铁给我打造一个书的王国。

这个书架陪我走过了很多年，后来又陪我妹走过很多年。至今仍然在我家的储藏室被我爸珍藏。一同珍藏的，还有我初中时的作文、高中时的考卷、大学的证书，还有我的日记本……

他们就像时间的见证者，封存着我少年时的回忆。几年前带孩子们回老家，妹妹跟着姥姥去储藏室，看到那一面墙的书架，惊呆了。后来妹妹只要回姥姥家，最喜欢去的地方就是这里。

我爸后来问我："你小时候家里条件不好，没能给你买一个书架，现在这些书也舍不得扔，要不要把这个书架换了，给你买个好的？"

我说不。

就是这个从一堆破铜烂铁上建造起来的书的王国，让我和父母分别十年后，没有任何隔阂地重新联结，也是这个已然斑驳但仍屹立不倒的"王国"曾经托起了我的梦想。

有些东西，一旦出现在了你的生命中，它就永远都在。

在这个书架上，大学时的《语言学教程》被我爸高高放在了第一排。也许我爸早就知道我的爱好，也早就预料到了我的"叛逆"。后来上了大学，每每在图书馆看到一排排的书，都会莫名觉得心安。如今约人出来谈事，也总会尽量在附近找书店，可能在那样的环境中，我才能放心做我自己。

有了孩子后，我执意要在本不大的家里，给孩子们放上书架，也许就是在复制我爸的方式，用书架把我的爱具象化、立体化。

不管多少年过去，我想孩子们的童年记忆中，一定一定会有这个超大的、装满了书的书架，还有他们跟爸爸妈妈一起在书中度过的美好时光。

当他们想跟爸爸妈妈吵架时，想收拾行囊离家出走时，想关起门来拒绝沟通时，也许看到书架上的书，能唤起心里的温柔，试着打开一条缝，让父母递进一碗汤。就像梁晓声说的：三岁时，送给孩子们一个用彩纸包装的礼物，便是童书。等孩子长大了，有了自己的孩子，也会在孩子的孩子三岁时，送出一个用彩纸包装的礼物。如此循环往复，书，永不消沉。

有一天早上我爸给我打了个电话，说我们几个孩子如今都在各自的城市发展，一切都还不错，他们完成了人生的大任务，准备回老家了。年纪大了，就想种种菜，拾掇拾掇花花草草。我听了有些失落，为自己这些年的缺席感到难过。末了，我爸告诉我：城里的房子还会留着，为了那个大书架也会留着，你和你妹随时回来都能看到。

这就是我爸：

是 25 年前那个拖着一堆破铜烂铁回来，给我叮叮当当打书架的老爸；

也是 18 年前那个在我考上大学后，硬是不肯丢掉我的任何书本，为此和我妈吵过好几次的老爸；

更是 10 年前那个知道我的小心思，原谅我的叛逆，叹了口气转身收拾好书架等我回来的老爸……

每个家庭都有那么一些话，代代相传，成为传统，变成家风，我爸妈二十年前挂在口边的"一直读书，别放弃学习"，现在也成了我的口头禅。

所谓父母的修行，一半是家风的传递，另一半，大概就是日复一日的陪伴中，成就孩子，也成就自己吧。

每个家庭，都有一个超级英雄

有人说，英雄是你永远遇不到的人
但我足够幸运，遇到了你

　　小时候，爸妈工作忙常出差，我基本是姥姥姥爷带大的。村里的生活自由自在，每天都跟小伙伴们爬山找果子、下河抓小鱼。每到饭点，整个村子就会响起此起彼伏的叫喊声："孩子们，回来吃饭啦！"这喊声伴着饭菜的香味，召唤着我们回家。

　　只要我姥爷在家，他从来不让姥姥喊我，而是自己出门找我，然后牵着我的手慢慢溜达回家。夕阳西下，我牵着姥爷一起边走边踢石子的画面，是童年最美的回忆。

姥爷后来因为工作调动，不能一边在城里上班一边住在农村了。但是姥姥留恋村中生活，于是我们举家搬到市郊，这样姥爷上班方便，姥姥种菜也方便。我也跟着上了市郊的小学。新环境里同学们有些排外，我的学校生活除了学习以外并不愉快，但我从来不说。

有一次姥爷看到我又把散了架的小板凳带回家，默默地替我修好，从此每天骑自行车接送我放学上学。姥爷的想法应该是：我不能一直保护你，但是我至少可以在上学放学路上，护你周全。

而且姥爷为了让我高兴，送我上学都会尽量走不同的路，让我看到不同的风景。

那段时间，姥爷总会边骑自行车边给我讲《水浒传》里好汉的故事，他告诉我："有些事情必须自己去解决，该反抗就反抗，姥爷就是你的'聚义厅'。"田间小路，姥爷骑车接送我的画面，是我灰色生活中的彩色回忆。

再后来，我考上了市里最好的初中，每天把自己关在房间里学习。无论多晚，姥爷都会在客厅边练字边等我，经常是我们一起吃完夜宵才各自睡去。

有一次准备考试，我看书到很晚，都没注意已是半夜。起身后肚子咕噜咕噜地叫，想起姥爷可能还在等我，赶紧跑回客厅。姥爷坐在沙发上打盹，身边还放了两碗小米粥，以及偷偷给我留的几块扣肉。我蹲在姥爷身边，喊他回去睡觉。姥爷醒来让我赶紧喝粥，起身回屋的时候对我说："囡囡越来越大了，姥爷也越来越老了，如果姥爷陪不了你，你要照顾好自己。"

我后来才明白，姥爷一直以来的默默陪伴，其实是在弥补爸妈没在我身边的遗憾，他不想我成为一个缺爱的孩子。

那时我们不谈"亲子陪伴"，但姥爷用自行车、小米粥、粗糙的大手牵着我，陪我走过了童年；

那时我们也不知道"霸凌"，但姥爷给我讲《水浒传》，告诉我他是我坚强的后盾；

那时还不流行"鸡娃"，但姥爷跟我一起在旧报纸上练字作诗；

……

2020 年的冬天，姥爷开始神志不清，但每次我打电话的时候，姥爷都会抢过我妈手中的电话问我："囡囡放暑假了吗？回来姥爷陪你下河抓鱼！"

我的姥爷，已然忘了此时是冬天。

我的姥爷，也已然忘了我已经当了妈妈，再无暑假。

有人说：英雄是你永远遇不到的人，而我足够幸运，这一生遇见无数英雄。

我的姥姥姥爷，我的父母，我的老师，我的先生，我的朋友。而当我终于长大，有能力成为自己的英雄时，我童年时这个最大的英雄离开了。

有很长一段时间，我特别特别想姥爷，也经常梦见自己走到一个如云如盖的大树下，跟大树聊天。醒来后会想，那大树莫不就是姥爷？

我从未跟姥爷说过他是我的超级英雄，是我童年时最骄傲的存在。但姥爷给我的童年记忆和英雄力量，而今，我传递给了孩子们。甚至，在力所能及的范围内，传递给了更多人。

如今想来，姥爷不仅仅是我的英雄，更是我的伯乐，他知道我喜欢什么，能干成什么，就那么默默支持我，让我完成了一次一次的自我探索，成了我自己。

所以，在我的孩子们人生最宝贵的前七年，做他们的英雄，比做他们的母亲更适合我这个身份的底色。

这七年，我用了各种魔法，带他们认识这个真实世界，帮他们解决各种疑问，撬动他们的成长，而这一切，都源自心底那一份英雄的力量。

姥爷不仅仅是我的英雄，更是我
的伯乐，他知道我喜欢什么，能
干成什么，就那么默默支持我，
让我完成了一次一次的自我探
索，成了我自己。

后记

　　这本书是在兄妹俩 7 岁生日当天完成终稿的。每年到了兄妹俩生日前的半个月，我就会莫名其妙出虚汗，浑身难受，坐立不安。心里会忘记，但身体不会，它用这样一种近乎玄学的方式，提醒我七年前的那一场惊心动魄。

　　生孩子，是真的会改变一个人。

　　原来温温柔柔的女孩留在了产房，出来的是一个整装待发的妈妈；

　　原本规规矩矩按部就班生活的人，会在有了孩子后挑战标准重新出发。

　　我到现在也不明白自己当时怎么有那么大一股劲，上班工作下班带娃晚上还爬起来准备一场可能没有结果的考试；

我也不明白为什么繁忙的工作带娃考试家务之余，还有那么大的力量每天早上四点起来码字。

但就像每天早上的跑步一样，在别人看来你只是众多跑步者中的一员，摆动双臂迈开双腿，但只有你自己知道，你正在完成一场和自己的较量。

过去四年，我写了两本书，翻译了八套书，主导制作了一套英文课程。孩子爸爸总是劝我缓一缓别太用力，但大概只有跟死神擦肩而过之后，才会真正对时间产生极度的渴望。

都说有了孩子，更难下决定，我反倒是有了孩子之后，更加有勇气去做决定，大概也是希望孩子能看到妈妈勇敢、奋力拼搏的样子吧！

过去这七年，我也有很多遗憾。

兄妹俩还在肚子里的时候，每次产检医生的一个微表情都能让我紧张半天，不停地告诉自己：只要孩子健健康康，其他都不重要。

慢慢地孩子会翻身了、会爬了、会走了、会说话了……我的要求也越来越高：英语启蒙要做、逻辑思维不能落下、运动能力要拔尖、音乐画画围棋编程是不是也要提上日程？

我也一度迷失在"妈妈"这个标签之下，围着孩子团团转。当我发现兄妹俩并不按照预定的路线走，反而是野蛮生长时，我才开始反思：育儿有教科书吗？也是当我发现，兄妹俩对生活中的小事产生的兴趣远远超过出国游学、兴趣班时，我在内心跟自己拉扯：育儿有必要加这么多"Buff"吗？

我相信这并不是我一个人的困惑，我也很感谢这些困惑的及时出现，让我把自己从认知局限中拽出来，俯视这一切。

陪伴孩子的这几年，社会环境不断变化、人们观念不断更新，作为女性，我们的自我探索路径也越来越清晰。从养孩子、陪孩子到教孩子，再到做孩子的伯乐，最后在减法育儿中找到自洽，我的心态也发生了很大的变化。

这真的是好事，女性的自我认知越清晰，陪伴孩子的心态就越稳。每个人终其一生都在找寻自我，如果孩子能早早感受到这份坚定，就会比我们更早完成自我探索。

我在书里说：当妈妈的过程，也是被治愈的过程。这句话是肺腑之言，有孩子之前，大多数时候我是被恐惧牵着走，因为担心掉队而努力奔跑，因为害怕让别人失望而拼命"自鸡"，因为不想被边缘化而接受不合理的安排。虽然终于成为别人眼中优秀的翻译官，但我知道，因为恐惧所做的任何事情，都不能带来由衷的幸福，反而会制造新一轮的恐惧。而当了妈妈之后，我的心态逐渐变了。

我学会的第一件事情，就是直面恐惧。辞职之后我在日记本上写下了一句话：从今以后，希望自己做任何事情，都不再是因为我害怕，而是因为我喜欢！！！

第二件事情，就是承认不行。过去这几年我也做过很多尝试，往往十个里面只能做成一个，换做以前，我会很沮丧，明明努力了怎么就是不行？现在我会想：不行就不行呗，尽人事听天命，努力也不是万能的，很多事情都是天时地利人和的综合作用，甚至还有不少运气加持的成分。

第三件事情，就是时刻保持耐心。创业的人不总是有机会，没有机会的时候怎么办？等着！那句话怎么说的？没有龙的时候，那就磨刀。

养孩子这7年，也是我脱胎换骨的7年，我告别了过去，摆脱了育儿执念，找到了人生的新方向，也决定跟孩子们一起成长。我看着兄妹俩一天天长大，兄妹俩看着我一天天成熟，见证过彼此的不堪，也拥抱过彼此的脆弱，更开心过彼此的开心，幸福过彼此的幸福。

这本书的名字是《减法育儿》，做减法并不是不作为，相反，需要一种智慧，一种"用身边小事引发孩子思考、以身边之物帮孩子建立与真实世界的联结"的大智慧。给育儿做减法，给成长做加法，成就孩子，也成就自己。

如果重新回到 7 年前，我一定会告诉 30 岁初为人母的自己：别怕，放轻松，你已经很棒了！

所以，这本书谈不上是育儿指南，只是从一个平凡又普通的妈妈视角，观察两个孩子的成长过程，并且记录作为母亲这一路走来的心路历程。

希望每一位看到这本书的读者，都能在合上书的那一刻会心一笑"原来，当妈妈都是这样狼狈且浪漫啊"，在鸡飞狗跳的日常里，偶尔能想起这本书，提醒自己"给育儿做减法，就是给孩子的成长做加法"。

大南南

2023 年 7 月

北京

图书在版编目（CIP）数据

减法育儿 / 大南南著. —长沙：湖南教育出版社，2023.11
ISBN 978-7-5539-9830-5

Ⅰ.①减… Ⅱ.①大… Ⅲ.①家庭教育 Ⅳ.①G78

中国国家版本馆CIP数据核字（2023）第199246号

JIANFA YU'ER
减法育儿

出　版　人：刘新民
策划编辑：陈慧娜
责任编辑：姚晶晶
封面设计：宋祥瑜
出版发行：湖南教育出版社（长沙市韶山北路443号）
网　　　址：www.jiaxiaoclass.com
微　信　号：家校共育网
电子邮箱：hnjycbs@sina.com
客服电话：0731-85486979
经　　　销：全国新华书店
印　　　刷：长沙新湘诚印刷有限公司
开　　　本：889 mm×1194 mm　1/32
印　　　张：7.5
字　　　数：130 千字
版　　　次：2023年11月第1版
印　　　次：2023年11月第1次印刷
书　　　号：ISBN 978-7-5539-9830-5
定　　　价：58.00元